# TRANSMETTRE

PHOTOS

Page 12 : © Matthieu Ricard ; page 34 : © Pierre Hybre ; pages 54-55 : © Olivier Adam ; page 62 : © Annabelle Lourenço ; page 92 : © Astrid Valois ; pages 108-109 : © Olivier Adam ; page 118 : © Raphaele Demandre ; pages 122-123 : © Marilyn Silverstone/Shechen Archives ; page 134 : © Jean-Michel Turpin ; pages 144-145 : © Jean-Michel Turpin ; page 158 : © Nastasya van der Straten Waillet ; pages 172-173 : © Olivier Adam ; page 188 : © Ani Lodroe Palmo/ Shechen Archives ; page 220 : © Pierre Kinet.

Ouvrage publié sous la direction
de Catherine Meyer

émergences

www.emergences.org
www.facebook.com/emergences

L'Iconoclaste

27 rue Jacob, 75006 Paris
Tél. : 01 42 17 47 80
iconoclaste@editions-iconoclaste.fr

TRANSMETTRE
se prolonge sur le site www.editions-iconoclaste.fr

CÉLINE ALVAREZ
CHRISTOPHE ANDRÉ
CATHERINE GUEGUEN
ILIOS KOTSOU
FRÉDÉRIC LENOIR
CAROLINE LESIRE
FRÉDÉRIC LOPEZ
MATTHIEU RICARD

# TRANSMETTRE

## CE QUE NOUS NOUS APPORTONS
## LES UNS LES AUTRES

L'ICONOCLASTE

À tous les enfants du monde,
ceux que nous avons été,
ceux qui naîtront, demain,
dans une société plus solidaire.

« *Ce n'est pas un contenu*
*que j'ai à transmettre, je m'en garderais,*
*chaque âme est dans une telle richesse.*
*Mais il faut que cette richesse soit réveillée.*
*La transmission, c'est cette attention portée*
*à un autre qui fait qu'en lui surgit*
*le meilleur de lui-même.* »

**CHRISTIANE SINGER**

# INTRODUCTION

La transmission nous concerne tous : elle nous a tissés, au fil du temps, de cette longue chaîne des hommes et des femmes qui nous ont précédés et que nous côtoyons. Nous avons hérité de leur expérience, de leur culture, de leurs valeurs. Et à notre tour, nous transmettons aux enfants qui nous entourent, à nos parents, nos amis et à notre entourage, des savoirs, des savoir-faire et une manière de vivre.

La transmission est présente à tous les niveaux et à tous les âges de nos vies, individuelles et collectives. Pourtant, bien souvent, nous n'avons pas conscience de ce qui se trame dans ce processus.

Et si nous nous arrêtions un instant pour essayer de comprendre de quoi cette transmission est faite, donc, finalement, de quoi nous sommes faits ? Et si nous nous demandions ce que nous aimerions léguer à ceux qui nous survivront ?

De grands auteurs dans les domaines de la sagesse, de la psychologie et de l'éducation se réunissent ici pour vous guider dans cette démarche vivifiante : ils témoignent de ce qu'ils ont appris de leur expérience, quelquefois difficile, de leurs proches ou de leurs maîtres, et de ce qu'ils veulent transmettre à leur entourage, à vous et au monde.

Le premier chapitre explore avec Caroline Lesire, Ilios Kotsou et Christophe André les différentes facettes de la transmission ; il met notamment en lumière le fait que, la plupart du temps, nous transmettons à notre insu, par nos comportements et nos émotions. Le deuxième chapitre, écrit par une pédiatre, Catherine Gueguen, souligne l'importance cruciale de la bienveillance dans l'éducation des enfants, à la lumière des neurosciences. Le troisième chapitre est consacré à l'école : Céline Alvarez y transmet, à travers son expérience à Gennevilliers, comment on peut mettre en place les conditions qui permettent aux aptitudes naturelles de l'enfant de s'épanouir. Dans le chapitre 4, Frédéric Lenoir revient sur sa trajectoire personnelle et sur les transmissions qui l'ont construit. Nous suivons ensuite Matthieu Ricard dans l'Himalaya, pour un partage autour de ses maîtres spirituels, messagers autant que messages vivants, qui ont bouleversé son existence. Et nous restons en voyage avec Frédéric Lopez qui, dans le chapitre 6, évoque ce que les peuples du bout du monde lui ont appris. Enfin, le chapitre final redonne la parole à Caroline Lesire, Ilios Kotsou et Christophe André pour clôturer sur l'importance d'une transmission solidaire et durable.

Nous espérons, dans ce livre, vous inciter à vous poser des questions fondamentales, mais aussi à changer et à agir. C'est pourquoi la dernière partie du livre se présente comme un cahier pratique qui vous accompagnera vers une transmission consciente et incarnée. Vous y trouverez des outils et des références pour être ou (re)devenir un messager auprès de votre entourage, de votre communauté et du monde entier.

# 1

# QU'EST-CE QUE TRANSMETTRE ?

## CAROLINE LESIRE
## ILIOS KOTSOU
## CHRISTOPHE ANDRÉ

‖‖‖‖‖‖‖‖‖‖‖‖‖‖‖‖‖‖‖‖‖‖‖‖‖‖‖‖‖‖‖‖‖‖‖‖‖‖‖‖‖‖‖‖‖‖‖‖‖‖‖‖‖‖

CAROLINE LESIRE COORDONNE L'ASSOCIATION
ÉMERGENCES ET ANIME DES CYCLES DE PLEINE
CONSCIENCE POUR FUTURS PARENTS ; ILIOS KOTSOU
EST DOCTEUR EN PSYCHOLOGIE ET CHERCHEUR DANS
LE DOMAINE DES ÉMOTIONS ; MÉDECIN PSYCHIATRE,
CHRISTOPHE ANDRÉ EST L'UN DES PREMIERS À AVOIR
INTRODUIT LA MÉDITATION EN PSYCHOTHÉRAPIE.

‖‖‖‖‖‖‖‖‖‖‖‖‖‖‖‖‖‖‖‖‖‖‖‖‖‖‖‖‖‖‖‖‖‖‖‖‖‖‖‖‖‖‖‖‖‖‖‖‖‖‖‖‖‖

La transmission est un don qui éveille. Qu'elle concerne des savoirs, des valeurs, des identités, des cultures, des filiations ou des mémoires, qu'elle soit consciente ou inconsciente, elle est au cœur de notre condition humaine.

Elle se vit dans l'expérience bouleversante de l'arrivée d'un nouveau-né, dans les paroles de sagesse d'un aîné, à l'école, dans nos liens avec les autres, dans le monde du travail, le compagnonnage et l'amitié, dans les rituels collectifs religieux ou laïques.

Mais qu'est-ce que transmettre ? Et comment transmettre, au service du meilleur pour celui qui reçoit, celui qui donne et pour la société tout entière.

## Nous sommes une espèce qui transmet

Étymologiquement, transmettre vient du latin *trans* et *mittere*, et signifie littéralement « envoyer de l'autre côté » ou « déposer au-delà[1] ». Il s'agit, dès l'origine, de faire parvenir quelque chose à quelqu'un. Outre le « quelque chose » qui est transmis, déposé, envoyé, les racines de ce mot renvoient au processus, la *transmissio*, en latin, désignant l'action de parcourir, la traversée.

Dans ce sens, la transmission peut être vue comme un chemin issu d'une motivation à partager avec les autres ce que nous avons reçu de précieux. Le long de ce chemin, nous construisons

---

1. *Dictionnaire historique de la langue française* (2010), sous la direction d'Alain Rey, Dictionnaires Le Robert.

notre vie, nous orientons nos destins et nous agissons sur la société dans laquelle nous vivons. La transmission est ainsi le moyen de perpétuer ce qui nous semble essentiel, de faire en sorte que cela survive (et nous survive), mais aussi de se transformer et de croître.

## Nous transmettons ce que nous sommes

La transmission peut être implicite ou explicite. Par-delà des contenus que nous voulons partager avec nos enfants ou notre entourage, nous transmettons une manière de fonctionner, de nous relier les uns aux autres, une façon d'intégrer ou de transgresser les interdits, même si, bien souvent, nous n'en sommes pas conscients. Nos émotions et nos états affectifs, quels qu'ils soient, sont perçus par les autres : c'est ce qu'on appelle la contagion émotionnelle.

« Tout ce qu'on peut faire d'un bon conseil, c'est de le transmettre. À celui qui le reçoit, il ne sert jamais à rien », nous dit Oscar Wilde. Entre ce que nous voulons transmettre et ce que nous transmettons sans le savoir s'immiscent souvent des obstacles ou, du moins, une certaine distance. D'où vient ce hiatus ? C'est simple, nous accordons plus d'importance au contenu de ce que nous transmettons qu'à notre manière de le transmettre. Or le savoir-transmettre, comme le partage Frédéric Lenoir dans son chapitre, vient, profondément, de ce que nous sommes.

Depuis l'enfance, nous apprenons par imitation. Alors, posons-nous la question : est-il cohérent d'exiger d'un enfant qu'il parle correctement alors qu'il nous entend jurer, ou peut-on lui demander à l'envi les petits mots magiques (« merci », « s'il te plaît ») si nous ne les utilisons pas quand nous nous adressons à lui au quotidien ? Ce sont les attitudes et les comportements que nous observons le plus souvent qui vont nous être prioritairement transmis. On peut donc en déduire que s'il y a contradiction entre le contenu du message et la manière dont il est transmis, c'est cette contradiction qui sera enregistrée, au détriment du fond. C'est ce que nous rappelle le poète Emerson lorsqu'il dit : « Tes actes parlent si fort que je n'entends pas ce que tu dis. » Dès lors, comment apprendre à transmettre ce qui nous tient à cœur ?

Comme le dit avec justesse le psychiatre et enseignant zen Edel Maex[2], « en prêchant le respect à un

---

2. Présent chaque année aux Journées Émergences, Edel Maex est le pionnier de l'introduction de la pleine conscience en Belgique. Il est notamment

enfant, on ne lui apprend pas le respect. En prêchant, on lui apprend à prêcher. Le respect est enseigné aux enfants en les respectant. La transmission réside dans l'attitude. Si nous voulons transmettre quelque chose, la question à se poser est simple. Comment nous comportons-nous ? Traite-t-on les autres, l'environnement, la vie avec respect, ou sommes-nous dans le prêche ? Dans le premier cas, il y a transmission du respect, dans l'autre du prêche[3]. »

## Les transmissions invisibles

Les attitudes et comportements ne se transmettent pas que par la présence d'individus en chair et en os : les films, émissions télévisées ou les jeux vidéo nous influencent aussi. Une étude effectuée sur de jeunes enfants (âgés de 5 à 11 ans) a montré que le taux de conduite agressive était multiplié par sept lorsqu'ils venaient de visionner une série violente[4]. Matthieu Ricard rapporte notamment dans *Plaidoyer pour*

l'auteur de *Mindfulness : Apprivoiser le stress par la pleine conscience* (2011), Louvain-la-Neuve, De Boeck et *Ici et ailleurs. Zen, mindfulness et compassion* (2016), Louvain-la-Neuve, De Boeck.

3. D'après le texte de Edel Maex publié sur son blog *Leven in de maalstrom*, www.levenindemaalstroom.be/nl/blog/wat-transmissie.

4. Liddell C., Kvalsig J., Qotyana P., Shabalala A. (1994), « Community, violence and young south african children's involvement in aggression », *International Journal of Behavioral Development*, 17 (4), 613-628.

*l'altruisme* que les jeunes Américains sont exposés avant l'âge de 20 ans à environ 40 000 scènes fictives de meurtres à la télévision, dont 8 000 avant l'âge de 12 ans[5]. Et ce alors que la violence réelle, dans le monde, ne cesse de diminuer.

Les jeux vidéo violents influencent les comportements des joueurs dans un sens négatif alors que les jeux prosociaux, eux, ont un effet bénéfique sur les relations et l'entraide. Pensons-y quand nous exposons les enfants aux écrans.

## La force des modèles

Les modèles auxquels nous sommes le plus confrontés ou ceux qui sont valorisés par notre contexte social et culturel ont un impact décisif sur nous. Incarner ce qui est essentiel dans ce que nous voulons transmettre semble être important pour influencer positivement notre environnement. La transmission passe donc par l'exemple et la cohérence, mais également par l'inspiration déclenchée par les comportements que nous admirons.

Dans le chapitre 5, Matthieu Ricard souligne d'ailleurs comment le fait que ses différents maîtres

---

5. Ricard M. (2013), *Plaidoyer pour l'altruisme. La force de la bienveillance*, Paris, Nil.

de vie incarnaient si parfaitement leur message de générosité, de patience, de clarté, a eu un effet profond et durable sur son engagement et au final sur son existence.

Lorsque nous sommes témoins d'actes généreux ou courageux, cela nous motive à nous comporter de cette manière. Une étude sur de jeunes mamans relate que celles qui étaient exposées à un exemple moral inspirant (il s'agissait d'une vidéo très touchante où un musicien remerciait son professeur de lui avoir permis d'échapper à la vie des gangs et à la violence) se montraient plus affectueuses avec leur bébé et que l'émotion positive déclenchée par ce modèle augmentait même la production d'ocytocine et leur probabilité d'allaiter[6].

## Une personnalité politique inspirante

« Pépé » José Mujica[7] a passé plus de treize ans dans les prisons de la dictature, dont neuf à l'isolement. Président anticonformiste durant son mandat, il s'est illustré par sa cohérence tant au niveau de son style de vie (il était appelé à juste titre « le président le plus pauvre du

---

6. Silvers J.A., Haidt J. (2008), *Moral Elevation Can Induce Nursing Emotion*, 8 (2), 291.
7. Ancien guérillero, José Mujica a été président de l'Uruguay (2010-2015), il est encore sénateur.

monde») que dans son action politique. Tout au long de son mandat, il a continué de vivre dans sa ferme avec une seule chambre et une toiture en zinc. Très concerné par les personnes sans abri, il a vendu des bâtiments publics (dont une résidence officielle à Punta del Este, célèbre station balnéaire du Sud-Est du pays), pour construire des logements sociaux. Il reversait aussi 90 % de son indemnité présidentielle pour alimenter le plan logement du gouvernement dénommé «Ensemble». Sur le site de la présidence, sa profession officielle est restée celle d'exploitant agricole. Il a également adopté des textes pionniers, comme le mariage homosexuel ou l'autorisation de l'avortement[8].

Il estime « qu'à chaque étape de l'histoire humaine, il faut tenter d'apprendre quelque chose et le transmettre à ceux qui vont venir[9] ».

## Qui s'assemble finit par se ressembler

«Qui se ressemble s'assemble», dit le dicton populaire. Il semblerait que l'inverse soit également vrai. Les personnes que nous fréquentons

---

8. Pires C., «José Mujica : "Le héros méconnu de l'Amérique latine"», *Courrier international*, 28 décembre 2012.
9. AFP, «La "vie extraordinaire" de José Mujica, président d'Uruguay», 11 juillet 2014.

régulièrement finissent par nous transmettre leurs attitudes et comportements. Des recherches ont montré, par exemple, que lorsque l'on fait s'asseoir un enfant à côté d'un camarade qui triche, il sera plus susceptible de lorgner lui aussi sur la copie du voisin lors d'un prochain examen. À un niveau statistique, le plus fort prédicteur de délinquance d'un individu est le niveau de délinquance de ses meilleurs amis[10].

À l'inverse, heureusement, être témoin d'attitudes d'entraide facilite aussi la reproduction de ces comportements[11]. D'où l'importance cruciale de la bienveillance dans l'éducation comme le soulignent tant Catherine Gueguen que Céline Alvarez.

## La transmission horizontale

La transmission est souvent associée à une certaine verticalité, voire à une hiérarchie : on transmet de haut en bas : du professeur vers l'élève, du parent à l'enfant, de l'expert au profane. On retrouve cette attitude au cœur de nombreux rites religieux, mais même au quotidien, dans les écoles, les familles,

---

10. Sherril D., Horowitz B., Friedman S.T., Salisbury J.L. (1970), « Seating aggregation as an index of contagion », *Educational and Psychological Measurement*, 30 (3), 663-668.
11. Bryan J.H., Test M.A. (1967), « Models and helping naturalistic studies in aiding behavior », *Journal of Personality and Social Psychology*, 6, 400.

ce schéma vertical est encore bien présent. Pourtant, dès qu'on élargit le cercle de notre attention, on perçoit l'étendue de ce qui nous est transmis, en permanence, par toutes et tous : transmissions entre pairs dans le milieu professionnel ou échanges entre enfants, en classe ou dans la famille. Parfois d'ailleurs, ce qui est transmis de manière horizontale est plus précieux que ce qui est transmis d'en haut.

## La transmission, source de joie

Transmettre est une source de joie, tant pour celui qui donne que pour celui qui reçoit et cette joie est contagieuse. Nous sentir liés aux autres, c'est reconnaître, selon les mots de Laurent Bègue, que notre vie dépend étroitement de l'humus social dans laquelle elle s'enracine[12]. Nous sommes tissés de ces échanges dont certains transforment durablement notre vie.

L'expérience montre que celui qui transmet, s'il est ouvert et attentif, a beaucoup à recevoir de celui qui est en face de lui. Dans cette posture, nombreux sont les enseignants, comme le note Maria Joa Pires, qui témoignent de la richesse de ce qu'ils reçoivent de leurs élèves.

---

12. Bègue L. (2011), *Psychologie du bien et du mal*, Paris, Odile Jacob.

En prêchant
le respect à un enfant,
on ne lui apprend
pas le respect.
On lui apprend
à prêcher.
Le respect
est enseigné aux enfants
en les respectant.

||||||||||||||||||||||||||||||||||||||||

## La transmission chez les Compagnons du devoir et du tour de France

Le compagnonnage est depuis plus de huit siècles un lieu central de la transmission pour les artisans. Ce terme désigne un système traditionnel de transmission de savoirs, savoir-faire et savoir-être qui s'ancre dans une communauté de compagnons. Il comprend des pratiques multiples qui vont de la transmission des savoir-faire artisanaux aux rituels d'initiation en passant par les moments d'itinérance, comme le tour de France. La transmission dans le compagnonnage intègre autant le travail sur la matière que celui sur l'esprit et sur l'homme.

Chez les Compagnons du devoir et du tour de France, la transmission est vue comme un engagement moral. Le compagnon se doit de transmettre son savoir-faire, mais aussi son savoir-être, car les compagnons aspirent à être plus que de bons ouvriers : des hommes bons. La transmission trouve sa place dans le cadre de la communauté qui lie des individus d'origines, métiers et générations différents.

L'importance du savoir-être se transmet notamment lors de l'initiation et du moment important qu'est « la réception », la réalisation d'un chef-d'œuvre pour lequel compte non seulement la qualité technique, mais aussi l'état d'esprit et les réactions du compagnon face aux difficultés éventuelles. Cette transmission lie donc l'individuel et la communauté, les connaissances, la technique et l'exemplarité.

## Le choix de la transmission positive

La transmission, comme beaucoup de processus, comporte plusieurs versants : elle peut s'avérer positive, mais aussi négative. On peut transmettre des comportements et des schémas vertueux comme des attitudes destructrices. Et le processus d'apprentissage peut s'avérer enrichissant alors qu'il est désagréable et infructueux bien qu'il soit agréable. Nous avons vu et nous verrons tout au long de ces pages la valeur de l'exemple que nous proposons aux autres. Les idéologies mortifères, la haine, l'avidité, la compétition effrénée, l'égoïsme se transmettent aussi à ceux qui nous entourent.

Par ailleurs, une partie de ce qui nous a été transmis et de ce que nous transmettons comme, par exemple, notre patrimoine génétique, échappe totalement à notre contrôle. Une expérience traumatique non résolue est aussi susceptible de se transmettre, parfois sur plusieurs générations. Aujourd'hui, les études en épigénétique montrent que ce type de vécu est de nature à modifier l'expression des gênes chez nos enfants, même s'ils n'ont pas connu la situation.

Dans cet ouvrage, inspirés par la psychologie positive, nous avons néanmoins volontairement choisi de nous concentrer principalement sur les aspects lumineux de la transmission, sur les facteurs sur lesquels nous pouvons agir.

## L'art de la transmission

La musique est sans doute l'une des formes les plus puissantes et les plus universelles de transmission. La pianiste Maria João Pires, qui est notamment à l'origine de diverses chorales d'enfants à portée sociale et solidaire, avait évoqué, lors de nos dernières Journées Émergences, trois composantes de la transmission :

• L'ouverture : il ne peut pas y avoir de transmission sans ouverture parce que transmettre uniquement de la technique, ce n'est pas une transmission. La transmission est un mouvement plus global qui exige de se mettre à l'écoute de l'autre. Pour le comprendre, on doit s'ouvrir.

• L'attention : la transmission nécessite d'être attentif au monde.

• La persévérance : dans la transmission réside une partie d'effort. La persévérance permet de ne pas lâcher tout de suite. Quand on essaie de transmettre quelque chose d'important, il est essentiel d'avoir la patience d'attendre que l'autre puisse se développer selon sa propre temporalité. C'est avoir la patience de voir les progrès, tant chez celui qui enseigne que chez l'apprenant. « Quand j'enseigne, j'apprends. Quand j'apprends, j'enseigne. » Cet échange est précieux. L'obsession pour l'enseignement technique risque de faire perdre cette notion de mouvement dans les deux sens.

## Ralentir

Qu'est-ce qui distingue la transmission de la communication ? Au fond, en quoi est-ce différent ? Nous l'avons vu : on peut communiquer énormément sans pour autant transmettre quelque chose de fondamental. On peut aussi avoir à cœur de communiquer quelque chose et pourtant transmettre le contraire.

Pour simplifier, on pourrait décrire la communication comme le transport d'une information dans l'espace, alors que la transmission permet de partager un contenu dans le temps, de l'inscrire dans une durée qui nous dépasse et dépasse même celui qui le reçoit. Quel décalage avec notre culture de l'immédiateté et de l'urgence ! La communication s'accommode et s'adapte à nos rythmes effrénés, elle s'accorde s'il le faut à la simultanéité et la rapidité. La transmission, elle, nécessite de la lenteur, de la continuité, du lien. Les innombrables avancées technologiques nous demandent donc, à notre tour, de progresser pour ne pas en devenir otages, au risque de voir la transmission confisquée, ou juste absente.

Et ce n'est pas un hasard si nous utilisons le support du livre pour communiquer ces messages. Pendant des centaines de milliers d'années, la transmission s'est effectuée uniquement oralement. L'apparition de l'écriture voici cinq mille ans a rendu possible de laisser la trace des savoirs, des découvertes et des histoires. L'invention de l'imprimerie et des caractères mobiles par Gutenberg à la Renaissance a ensuite permis une diffusion plus large et moins coûteuse des cultures. Même si l'arrivée d'Internet bouleverse ces dernières années notre rapport au monde et ouvre de nouvelles perspectives, non sans écueils, en diffusant la connaissance à un public toujours plus vaste, les livres restent un vecteur de transmission essentiel. Au-delà du contenu, ils peuvent déclencher en nous de puissantes émotions, nous emmener en voyage, nous faire vivre une expérience. En ce sens d'ailleurs, la lecture d'un ouvrage s'avère chez certains, et cela nous est arrivé, une vraie rencontre, profonde, puissante, un moment de transmission déterminant, de ceux qui marquent une vie.

Dans de nombreux pays africains où la tradition orale est encore la garante de précieux savoirs non transcrits, on dit que quand un vieillard meurt, c'est une bibliothèque qui brûle[13]. Comment transmettre les trésors chers à cette tradition aux jeunes générations?

## L'impact puissant de la transmission

En réalité, nous transmettons en permanence. Dès que nous sommes en interaction avec un autre être humain, un autre être vivant, la transmission est à l'œuvre. La transmission est donc mouvement, mouvement entre celui qui donne, celui qui reçoit et le contexte dans lequel la transmission s'opère. Je donne ce que j'ai reçu, et cette transmission s'enrichit d'autres transmissions venues de multiples rencontres, apprentissages et expériences de vie.

---

13. Cette phrase est attribuée à Amadou Hampâté Bâ.

## Un effet de contagion

Au travers des réseaux sociaux, la transmission se déploie de manière exponentielle. Nicholas Christakis et James Fowler, deux chercheurs de Harvard et de San Diego, ont montré que ces réseaux pouvaient avoir une grande influence sur les comportements individuels : nous impactons nos amis, les gens avec qui nous sommes en contact, qui à leur tour influencent leurs amis, jusqu'à trois degrés de séparation (les amis des amis de nos amis). Il en résulte que nos actions positives peuvent se répercuter sur des personnes avec lesquelles nous n'avons jamais été en contact direct. Cela va des choix électoraux au sentiment de bien-être, mais affecte aussi les comportements altruistes. Les conduites prosociales et le bonheur ressenti par une personne peuvent ainsi se propager à de nombreuses autres personnes que nous ne connaissons même pas. Ils ont nommé ce phénomène la « théorie de la contagion sociale[14] ».

Une étude scientifique a révélé que les gens étaient 50 % fois plus susceptibles de s'arrêter pour

---

14. Christakis N.A., Fowler J.H. (2013), « Social contagion theory : Examining dynamic social networks and human behavior », *Statistics in Medicine*, 32 (4), 556-577.

aider quelqu'un (par exemple pour changer un pneu crevé) si juste avant, ils avaient été témoins d'un acte d'entraide semblable[15].

Ce que nous transmettons a la capacité d'influencer durablement le comportement de celles et ceux qui sont au bout de la chaîne. Une recherche a comparé 219 Allemands qui avaient risqué leur vie pour sauver des juifs à un groupe de personnes n'ayant pas fait preuve d'un tel héroïsme. Les résultats ont mis au jour une sorte d'héritage de l'éthique : les « sauveurs » étaient beaucoup plus nombreux que les autres à avoir reçu des valeurs humanistes de leurs parents. Ils étaient aussi beaucoup moins nombreux à avoir entendu des stéréotypes négatifs sur les juifs dans leur entourage.

On retrouve la même chose chez les militants civiques qui avaient défendu les droits des personnes de couleur et se disaient inspirés par leurs parents. Les enfants de parents investis dans des causes, comme ceux qui donnent leur sang, par exemple, sont plus susceptibles de le faire eux aussi, une fois devenus adultes[16].

---

15. Bryan J.H., Test M.A. (1967), « Models and helping : Naturalistic studies in aiding behavior », *Journal of Personality and Social Psychology*, 6 (4p1), 400.

16. Pour une revue de ces questions, voir l'excellent livre de Laurent Bègue *Psychologie du bien et du mal, op. cit.*

L'environnement dans lequel nous évoluons déteint lui aussi sur nos comportements. Une étude a montré que les personnes jetaient plus facilement des papiers par terre en face d'un mur couvert de graffitis[17]. Prendre soin de notre demeure partagée qu'est cette planète participe non seulement à ce qu'elle soit plus durable, mieux préservée, mais motive aussi les autres à la soigner.

Cela doit nous alerter sur notre responsabilité et nous redonner espoir quand nous manquons d'élan. Certaines personnes qui agissent au quotidien pour transmettre un monde plus solidaire et plus durable se sentent découragées devant l'ampleur de la tâche et la potentielle insignifiance de leurs actions individuelles. Pourtant, chacune de nos actions compte. Parce qu'elle peut être fondamentale pour la personne qui en bénéficie à ce moment-là, parce qu'elle vient s'ajouter à d'autres transmissions et, enfin, qu'elle permet l'émergence de quelque chose de plus grand que la simple addition de bonnes volontés.

---

17. Keizer K., Lindenberg S., Steg L. (2008), « The spreading of disorder », *Science*, 322 (5908), 1681-1685.

Nous sommes une espèce qui transmet et la transmission est donc au cœur de notre humanité. Donner, recevoir, redonner à son tour, est vraiment au cœur de la transmission, et au cœur de notre dignité et de notre intelligence d'être humain, quand nous nous en servons bien.

Dans ce contexte, prenons le temps de nous poser ces questions : « Qu'est-ce que je veux donner aujourd'hui ? Qu'est-ce que je veux redonner ? Comment et que vais-je partager ? »

Rappelons-nous que dans le plus anodin de nos comportements, un regard, un sourire, une main tendue, réside déjà la transmission. Alors, aujourd'hui, que vais-je transmettre vraiment, vraiment ?

# 2

# L'ENFANCE : UNE ÉTAPE CLÉ DANS LA TRANSMISSION

## CATHERINE GUEGUEN

||||||||||||||||||||||||||||||||||||||||||||||||||||||||||||||||||||||||||||||||

PÉDIATRE DEPUIS PLUS DE TRENTE ANS, CATHERINE GUEGUEN EST SPÉCIALISÉE DANS L'ÉDUCATION POSITIVE.

||||||||||||||||||||||||||||||||||||||||||||||||||||||||||||||||||||||||||||||||

Nelson Mandela avait vu juste lorsqu'il disait que «l'éducation est l'arme la plus puissante que nous pouvons utiliser pour changer le monde».

Très tôt dans ma pratique, j'ai eu l'intuition que la bienveillance et l'empathie étaient fonda-mentales pour le développement de l'enfant. Le fait que de nombreuses publications scientifiques viennent aujourd'hui le confirmer est une excellente nouvelle pour faire évoluer nos relations aux enfants.

## L'importance d'une relation bienveillante et empathique

La grande majorité d'entre eux sont en effet victimes de violence éducative dans leur famille ou à l'école et ce où qu'ils vivent dans le monde. Quatre enfants sur cinq sont soumis à une discipline physique ou verbale violente et 80 % d'entre eux reçoivent tous les jours des gifles, des fessées ou d'autres punitions corporelles.

Lorsque des parents viennent en consultation avec leur enfant sous prétexte qu'il est infernal ou agressif, je leur demande s'il leur arrive de crier sur lui. Très souvent, ils me répondent : « Évidemment, nous n'avons pas le choix, il est insupportable ! »

Vous êtes-vous, vous aussi, déjà demandé s'il était normal qu'un enfant de 2 ans se roule par terre de colère ? Avez-vous déjà pensé ou entendu dire de votre enfant ou d'un de ses copains de la crèche qu'ils étaient « méchants » parce qu'ils avaient tapé, griffé ou mordu un camarade ?

La plupart des parents s'informent énormément sur l'évolution physique de l'enfant, mais ils méconnaissent les stades de son développement affectif et émotionnel. Et notamment le fait que le cortex orbito-frontal, qui contrôle les impulsions et les émotions et dont nous reparlerons plus loin, ne commence à maturer qu'entre l'âge de 5 et 7 ans et en fonction de l'attitude de l'entourage.

Il me semble aujourd'hui essentiel de faire connaître cette phase normale de l'évolution de l'enfant, pendant laquelle il n'a pas les outils pour réguler ses émotions. Ce n'est pas qu'il ne veut pas, c'est qu'il ne peut pas. Il ne se contrôle pas. Il ne peut pas prendre du recul, évaluer la situation, se dire : «Je suis paniqué, mais je comprends pourquoi, ce n'est pas si grave, je vais trouver une solution pour ne plus avoir peur ou ne pas me mettre en colère.» Il subit ces tempêtes émotionnelles de plein fouet, il vit de vraies souffrances, de grandes angoisses, des paniques, de profonds chagrins. Ce ne sont ni des caprices ni des troubles pathologiques du développement. Et il n'est pas en train de devenir un tyran.

Il ne s'agit pas de céder lorsque ce n'est pas justifié et je ne suis pas du tout favorable à une éducation laxiste : l'adulte doit transmettre des valeurs, mais il peut le faire en comprenant l'enfant, en l'aidant à exprimer ses émotions et en lui faisant confiance. Ce qui est tout à fait autre chose. Par exemple, l'adulte peut dire à l'enfant : «On ne mord pas, mais je te fais confiance, en grandissant, tu vas apprendre à ne plus mordre.» L'attitude est déterminante : la douceur, la chaleur, le ton de la voix, le regard, tous ces éléments sont essentiels.

## La communication non violente (CNV)

La CNV nous vient de Marshall Rosenberg, élève de Carl Rogers, psychologue humaniste du début du XXᵉ siècle. Marshall Rosenberg a diffusé la communication non violente dans le monde entier. La CNV n'est pas une simple méthode de communication, c'est une modification profonde de notre façon d'être qui vise à créer une qualité de relation à soi-même et aux autres. C'est un travail d'auto-empathie, d'empathie, d'expression des émotions et d'écoute de l'autre.
Au nom admis internationalement de CNV, je préfère néanmoins le terme de communication empathique et bienveillante.

# Le cerveau sous la loupe
# des neurosciences affectives et sociales

Les neurosciences affectives et sociales s'intéressent à ce qui se passe dans notre cerveau lorsque nous éprouvons des émotions, des sentiments ou lorsque nous sommes en relation avec les autres. L'un des fondateurs de ce courant est Allan Schore, célèbre neuropédiatre qui a été l'un des premiers à souligner le rôle capital des adultes dans le développement du cortex orbito-frontal chez l'enfant[1].

Nous ne sommes cependant qu'au tout début de l'exploration du cerveau, structure éminemment complexe dotée de cent milliards de neurones, ces cellules nerveuses parcourues par des phénomènes électriques et chimiques. Les neurotransmetteurs, molécules chimiques, transmettent des informations d'un neurone à un autre à travers la synapse.

Très schématiquement, l'on pourrait dire que nous avons trois cerveaux :

– le cerveau reptilien, structure archaïque utile à notre survie qui va, lorsque l'on se sent en danger,

---

1. Schore A. (2008), « Modern attachment theory: The central role of affect regulation in development and treatment », *Clinical Social Work Journal*, 36, 9-20.

nous pousser à attaquer, fuir ou nous figer en état de sidération ;

— le cerveau émotionnel ;

— le cerveau supérieur ou néocortex.

De ces structures cérébrales partent de multiples circuits neuronaux.

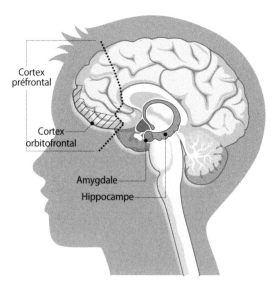

• **Le cerveau supérieur** est le siège de fonctions importantes telles que les fonctions intellectuelles (le langage, les capacités d'apprentissage), les fonctions motrices et sensorielles, la conscience, la présence dans l'espace et beaucoup d'autres encore.

• **Le lobe préfrontal,** tout à l'avant de notre cerveau, est un élément clé de ce cortex. Et dans ce lobe préfrontal se loge le **cortex orbito-frontal,** une petite structure placée juste derrière notre front. C'est lui qui nous aide à nous calmer et à prendre les bonnes décisions sans nous laisser déborder par nos émotions, agresser l'autre verbalement ou physiquement, fuir immédiatement ou rester pétrifié en état de sidération.

• **L'amygdale,** qui déclenche la sécrétion des molécules de stress, le cortisol et l'adrénaline, est mature dès la naissance. C'est pourquoi les tout-petits, même les nouveau-nés, qui n'ont pas encore les outils pour s'apaiser, peuvent avoir extrêmement peur. L'amygdale stocke de plus, sans que nous en ayons conscience, nos souvenirs de peurs.

• **L'hippocampe,** qui assure la mémorisation consciente et est donc responsable de nos apprentissages, est fonctionnel à partir de 3, voire 5 ans, ce qui explique pourquoi nous avons peu de souvenirs de la période qui précède. L'hippocampe est extrêmement fragile et sensible au stress. Le cortisol sécrété par le stress agresse les neurones de l'hippocampe, freine leur multiplication et peut ensuite les détruire. Au contraire, les encouragements augmentent son volume. Joan Luby, chercheuse à Saint Louis aux États-Unis, a montré que lorsque la mère soutient et encourage son enfant quand il est petit, l'hippocampe de ce dernier augmente de volume[2]. L'enfant va alors mieux apprendre et mieux mémoriser.

• Enfin, **l'ocytocine**. L'ocytocine génère la sécrétion de trois molécules extrêmement importantes pour l'épanouissement de l'être humain : la dopamine, les endorphines et la sérotonine. La dopamine nous motive, nous donne du plaisir à vivre et nous rend créatifs. Les endorphines, un opioïde, nous procurent du bien-être. La sérotonine stabilise l'humeur. Aussi appelée hormone de l'amour, l'ocytocine procure du bien-être, est un puissant anxiolytique et nous aide à percevoir les émotions, donc à être plus empathique. Dans une étude réalisée par Adam Guastella, chercheur australien, on a constaté que les personnes qui avaient reçu une pulvérisation intranasale d'ocytocine décryptaient mieux les expressions du visage

---

2. Luby J.L. *et al.* (2012), « Maternal support in early childhood predicts larger hippocampal volumes at school age », *PNAS*, 109 (8), 2854-2859.

et des yeux[3]. Les yeux sont reliés au cortex orbito-frontal et ils sont l'émanation directe du cerveau et des émotions. Le simple fait de poser sur quelqu'un un regard bienveillant libère de l'ocytocine chez nous et chez l'autre.

Les chercheurs en neurosciences affectives et sociales savent aujourd'hui que le cerveau de l'enfant – tout particulièrement les deux premières années de sa vie – est beaucoup plus immature, fragile et vulnérable que tout ce que nous imaginions jusqu'à présent. Étant donné qu'une grande partie de notre cerveau est dévolue aux relations sociales, la qualité de nos relations est déterminante. Les recherches montrent également combien le cerveau de l'enfant est malléable. Chaque échange humain influence la sécrétion des molécules cérébrales, le développement des cellules cérébrales, les synapses qui assurent la connexion entre les neurones, les circuits neuronaux, les structures cérébrales et même l'expression de certains gènes. L'environnement familial et social de l'enfant ou de l'adolescent a donc un impact profond sur son cerveau intellectuel et affectif.

---

3. Guastella A.J. (2008), «Oxytocin increase gaze to the eye region in human faces», *Biological Psychiatry*, 63 (1), 3-5.

L'épigénétique démontre d'ailleurs que les facteurs environnementaux peuvent modifier le programme génétique qui nous a été transmis par nos ancêtres. Nos relations, notre alimentation, l'environnement physique, la pollution, tout ce que nous vivons, a un impact sur l'expression de certains de nos gènes. On peut affirmer aujourd'hui que le contexte dans lequel on évolue prime sur les gènes.

## Les dangers de la maltraitance émotionnelle

Beaucoup d'enfants que je reçois en consultation me confient: «Je suis paniqué(e) quand la maîtresse ou mes parents me font les gros yeux.»

La maltraitance émotionnelle, c'est tout ce qui rabaisse, critique et punit l'enfant, qui lui fait peur, l'isole et le rejette. À l'école, un enfant qui a peur, qui est mis sous pression au lieu d'être encouragé, risque d'apprendre de plus en plus mal, d'avoir de mauvaises notes, de se sentir encore plus incapable et humilié au point parfois de ne plus avoir la force de se rendre en classe.

La recherche scientifique montre à quel point crier sur un enfant, le culpabiliser, le menacer, le punir sous prétexte qu'il est capricieux ou insupportable est non seulement contre-productif, mais nocif. Le stress bloque la sécrétion d'ocytocine, de dopamine, d'endorphine et de sérotonine et peut faire diminuer le volume de l'hippocampe.

«Tu es nul, tu es un incapable»: subir ce type d'humiliation verbale représente un véritable stress.

Par ailleurs, tout ce qui met l'enfant en état de compétition, de comparaison, de stress, bloque la sécrétion d'ocytocine et de dopamine. Bruce McEwen, chercheur new-yorkais spécialiste de l'effet du stress sur le cerveau des enfants, montre qu'un stress permanent altère la sécrétion du facteur neurotrophique issu du cerveau ou BDNF[4], une molécule vitale pour le développement et la plasticité du cerveau qui intervient dans la prolifération, la survie, la différenciation des neurones et sur leurs connexions, et a des répercussions sur le cortex préfrontal, l'hippocampe et le corps calleux[5].

Dans une importante synthèse publiée en 2013, Rebecca Waller montre clairement l'impact de l'éducation punitive et sévère sur les enfants: retards dans le développement émotionnel, affectif, intellectuel,

_____

4. Brain-derived neurotrophic factor.
5. McEwen B. *et al.* (2016), « Stress effects on neuronal structure: Hippocampus, amygdala and prefrontal cortex», *Neuropsychopharmacology Reviews*, 41, 3-23.

relationnel, risques de conduites d'agressivité, de comportements d'addiction, de dépression ou encore de troubles de la personnalité[6].

Anne-Laura van Harmelen, chercheuse hollandaise, a montré que la maltraitance émotionnelle était de nature à réduire la taille du cortex orbito-frontal[7].

Avoir été exposé à des paroles blessantes et humiliantes dans l'enfance peut entraîner des dépressions, de l'anxiété, ou de l'agressivité de la délinquance, voire des troubles de la personnalité. Martin Teicher, chercheur à Harvard, a montré que les mauvais traitements émotionnels dans l'enfance avaient des effets désastreux sur l'adulte avec des dépressions, des troubles de la personnalité, etc.[8].

Des centaines d'études ont mis en évidence que les punitions corporelles, les fessées et les gifles étaient extrêmement nocives. Jamie Hanson de l'université du Wisconsin a montré que les diverses punitions corporelles diminuaient la

6. Waller R. *et al.* (2013), « What are the associations between parenting, callous-unemotional traits, and antisocial beahavior in youth ? A systematic review of evidence », *Clinical Psychology Review*, 33, 593-608.
7. Van Harmelen A.L. *et al.* (2014b), « Hypoactive medial prefrontal cortex functioning in adults reporting chidhood emotional maltreatment », *Social Cognitive and Affective Neuroscience*, 9, 2026-2033.
8. Teicher M. *et al.* (2016), « The effects of childhood maltreatment on brain structure, function and connectivity », *Nature Neuroscience*, 17, 652-666.

taille du cortex orbito-frontal. Tracie Afifi, canadienne, constate que les fessées considérées en France comme éducatives provoquent des troubles de l'humeur, de la dépression, de la manie, des troubles anxieux, des addictions, des troubles de la personnalité[9].

En 2007, une étude de James Heckman, prix Nobel d'économie, et de Dimitri Masterov a montré qu'un dollar investi dans la petite enfance permettrait d'économiser cent dollars en prévention à l'âge adulte des risques de chômage, d'exclusion sociale, de délinquance et de toutes sortes de types de déviance, et que, plus tôt on investissait, plus l'impact serait important[10].

## La résilience

Quand on a subi des humiliations verbales et physiques dans l'enfance, comment résilier, c'est-à-dire comment se reconstruire ?

Sans surprise, les principaux facteurs de résilience sont les relations de nature empathique,

9. Afifi T.O. *et al.* (2011), « Resilience following child maltreatment : A review of protective factors », *The Canadian Journal of Psychiatry*, 56 (5), 266-272.
10. Heckmann J.J., Masterov D.V. (2007), « The productivity argument for investing in young children », *Applied Economic Perspectives and Policy*, 29 (3), 446-493.

bienveillante et soutenante. En 2014, Sarah Whittle, chercheuse australienne, a publié une étude menée sur des adolescents[11]. Cette étude a été réalisée avec des mères, mais on observerait sans doute les mêmes résultats avec les pères ou d'autres adultes. Elle montre que quand une mère a une attitude chaleureuse et soutenante avec son adolescent, son cortex orbito-frontal se réactive. Ce qui implique que malgré une enfance difficile, on peut résilier à l'adolescence.

L'ocytocine contribue à réduire l'anxiété sociale et favorise la coopération. Selon Ruth Feldman, notre corps sécrète de l'ocytocine chaque fois que nous prenons soin de quelqu'un, que nous le maternons ou que nous bénéficions d'une relation bienveillante, une ambiance chaleureuse, une conversation agréable. Il existe en fait de multiples occasions de remplir notre vase d'ocytocine si nous n'en avons pas reçu beaucoup dans notre enfance.

Quand on n'a pas eu la chance d'avoir été élevé avec empathie, l'empathie se travaille, s'apprend, notamment dans des groupes de communication non violente.

---

11. Whittle S. *et al.* (2014), « Positive parenting predicts the development of adolescent brain structure : A longitudinal study », *Developmental Cognitive Neuroscience*, 8, 7-17.

Notre corps sécrète de l'ocytocine chaque fois que nous prenons soin de quelqu'un, ou que nous bénéficions d'une relation bienveillante.

La méditation en pleine conscience accroît également les facteurs de résilience, elle apaise et contribue à un meilleur équilibre émotionnel.

## Quelques repères pour transmettre aux enfants le meilleur de nous-mêmes

Encore une fois, les découvertes récentes des neurosciences sont fondamentales. Elles révèlent les effets très nocifs des humiliations verbales et physiques sur le cerveau de l'enfant et de l'adolescent, contrairement aux relations empathiques et bienveillantes, qui favorisent le développement global de leur cerveau, augmentent leur sentiment de bienêtre et de confiance tout en diminuant leur agressivité et leur anxiété. Elles nous montrent ainsi le rôle primordial de transmission de l'entourage dans le développement intellectuel et affectif de l'enfant et nous rappellent qu'à tout moment, on peut l'aider à se transformer et à évoluer dans un sens positif.

### Faire preuve d'empathie

On sait depuis Bowlby que l'enfant a besoin d'un attachement sécurisé à un adulte. Or l'attachement sécurisé n'est possible que si l'adulte est empathique, ce qui lui permet de percevoir et de décrypter les émotions de l'enfant, de les interpréter correctement et d'y répondre rapidement et de façon appropriée.

Pour Jean Decety, chercheur français renommé, l'empathie est composée de trois éléments :
- **L'empathie affective** qui consiste à sentir et partager les émotions d'autrui, mais sans être dans la confusion entre soi et les autres (c'est à cela que nous pensons spontanément quand nous parlons d'empathie).
- **L'empathie cognitive** qui vise à comprendre les émotions et les pensées d'autrui.
- **La sollicitude empathique** qui incite à prendre soin du bien-être d'autrui[12].

Nancy Eisenberg souligne dans ses recherches un autre point essentiel : plus l'enfant vit d'expériences d'empathie, plus il devient sociable et moins il développe de comportements agressifs ou antisociaux[13]. Pour Celia Brownell aussi, c'est en aidant l'enfant dès son plus jeune âge à exprimer

---

12. Decety J. (2015), «The neural pathways, development and functions of empathy», *Current Opinion Behavioral Science*, 3, 1-6.
13. Eisenberg N. (2010), «Empathy-related responding : Associations with prosocial behavior, aggression, and intergroup relations», *Social Issues Policy Review*, 4 (1), 143-180.

ses émotions et en lui parlant de nos propres émotions que se renforce sa sociabilité naturelle[14].

### Apprivoiser ses émotions

Nous ne contrôlons pas l'apparition de nos émotions : nous sommes en colère, tristes, anxieux. C'est ainsi. En revanche, nous pouvons réguler ces états émotionnels : le cortex orbito-frontal, dont nous avons déjà parlé, est prévu pour nous aider à faire face à ce qui surgit.

Pour cela, être connecté à ses émotions est essentiel. Nos émotions sont des messages sur nos désirs et nos besoins profonds. Quand nous sommes pleins d'allant, enthousiastes, heureux, ces émotions positives nous disent que notre vie correspond à ce que nous souhaitons profondément, que nous sommes sur le bon chemin. L'anxiété, la tristesse, la dépression à l'inverse sont des signaux qui servent à nous alerter : «Attention, ta vie ne correspond pas à ce que tu souhaites, mais tu peux la changer.» Nos émotions sont à l'origine de la conscience et de la connaissance de soi.

---

14. Brownell C. *et al.* (2013), « Socialization of early prosocial behavior: Parents' talk about emotions is associated with sharing and helping in toddlers », *Infancy*, 18 (1), 91-119.

L'un des premiers à avoir décrit le circuit cérébral des émotions est Antonio Damasio[15], aujourd'hui directeur de l'Institut neurologique de l'émotion et de la créativité à Los Angeles. Le titre même d'un de ses livres, *L'Erreur de Descartes*, en dit long : l'intellect est nécessaire au développement humain, mais les émotions ont également un rôle très important à jouer.

Quand je m'occupais d'enfants maltraités et que je leur demandais : « Comment vas-tu ? », ils me répondaient souvent : « Mais très bien. » Ce déni était, je pense, un mécanisme de protection pour ne pas souffrir. Plus on est maltraité, moins on est connecté à ses émotions. Beaucoup d'adultes ne sont d'ailleurs pas connectés à leurs émotions parce qu'ils ont subi des humiliations et que leurs émotions ont été niées.

Sans en avoir conscience, la plupart des gens élèvent leurs enfants en les empêchant à leur tour d'exprimer librement leurs émotions. Quand un enfant pleure ou qu'il est en colère, on lui dit : « Ne

---

15. Antonio Damasio soignait des patients atteints de lésions du cortex orbito-frontal et dont la vie était devenue totalement chaotique (ils avaient notamment perdu tout sens moral) alors que leur quotient intellectuel n'avait pas bougé. Damasio a montré que leur incapacité n'était pas d'origine intellectuelle, mais émotionnelle. Leur impossibilité d'éprouver des émotions les empêchait de faire des choix.

Des enfants de la chorale Equinox créée par Maria João Pires.

fais pas de caprices, arrête ta comédie et va pleurer dans ta chambre.» Exprimer ses émotions à ce moment-là est pourtant nécessaire, cela apaise et régule le cerveau émotionnel.

Réguler ses émotions, cela s'apprend et nécessite de l'entraînement.

### Oser le maternage

Michael Meaney, chercheur canadien, a montré que le stress ou à l'inverse le maternage modifiait l'expression de certains gènes et influait sur notre façon d'être, nos réactions au stress et nos facultés intellectuelles en agissant sur les neurones de l'hippocampe, petite structure cérébrale dévolue à la mémoire et à l'apprentissage[16]. À chaque fois qu'on materne quelqu'un, on l'aide à développer sa faculté de mémoriser et d'apprendre. Bien sûr, le « maternage » n'est pas réservé aux mères. Prendre soin, réconforter, consoler, câliner, toutes ces attitudes ont un impact très positif sur la maturation du cerveau, des lobes frontaux, des circuits cérébraux et

---

16. Meaney M.J. *et al.* (1996), « Early environmental regulation of forebrain glucocorticoid receptor gene expression : Implications for adrenocortical responses to stress », *Developmental Neuroscience*, 1996, 18 (1-2), 49-72.

donc sur les facultés intellectuelles et affectives. Et le maternage est bénéfique à tout âge.

D'autres études montrent que le maternage augmente le BDNF dont nous avons déjà parlé. En 2013, Tetsuo Kida, chercheur japonais, montre qu'un contact doux, respectueux avec les enfants active leur cortex préfrontal[17]. En 2014, Malin Björnsdotter, chercheuse suédoise, confirme que de tels contacts font maturer le cerveau des enfants de façon globale[18].

## Montrer la voie

En 2017, 51 pays dans le monde disposaient d'une loi contre les humiliations et les punitions corporelles, dont 31 pays européens, mais pas encore la France.

Bien que dotés, pour la plupart, de bonnes intentions, trop d'adultes ont encore recours de nos jours à une forme d'éducation blessante, humiliante, voire maltraitante. Pourquoi appelle-t-on agression le fait de frapper un adulte, cruauté le fait

---

17. Kida T. (2013), « Gentle touch activates the prefrontal cortex in infancy: An NIRS study », *Neuroscience Letters*, 541, 63-66.
18. Björnsdotter M. *et al.* (2014), « Development of brain mechanisms for processing affective touch », *Frontiers in Behavioral Neuroscience*, 8 (24), 1-10.

de frapper un animal et éducation le fait de frapper un enfant ? Ce type de comportement, cette violence émotionnelle, verbale ou physique envers les plus jeunes et les plus vulnérables ne les aide ni à s'épanouir, ni à réussir à l'école, ni à bien se comporter, au contraire.

Depuis quelques années, de plus en plus d'études dans le champ des neurosciences affectives et sociales confirment l'importance de créer des relations empathiques et bienveillantes pour permettre au cerveau de l'enfant puis de l'adolescent d'évoluer de manière optimale, et ainsi les aider à déployer pleinement leurs facultés intellectuelles et affectives.

L'adulte est un modèle très puissant pour l'enfant, il lui montre le chemin. Pour que les enfants deviennent bienveillants et empathiques, il faudrait que les adultes le soient eux-mêmes. Repenser nos relations aux enfants est donc un enjeu essentiel pour améliorer leur bien-être et transformer le monde de demain.

Le plus beau cadeau que nous puissions transmettre à nos enfants, c'est de leur offrir empathie, bienveillance et confiance. Notre société peut devenir plus pacifique et chaleureuse si nous changeons notre attitude vis-à-vis des autres, en commençant par les plus jeunes. Nous devons relever nos manches.

# DEUX RECOMMANDATIONS CONCRÈTES

- Essayons d'être un modèle : dans les relations aux enfants, incarnons ce que nous voulons transmettre.
- Comportons-nous de façon bienveillante : l'impact de l'empathie, de l'apaisement et de l'expression des émotions sur le développement affectif, intellectuel et social des enfants est extrêmement positif.

## UNE TRANSMISSION QUI A COMPTÉ

Il y a très longtemps, j'ai été invitée pour une conférence à Lambersart, ville qui a reçu le prix de la bientraitance pour sa politique de la petite enfance. Au vu de l'accueil exceptionnel, joyeux et apaisé, je demande à la personne qui m'a invitée, responsable de la petite enfance dans cette ville, ce qui s'y passe. Il me répond que beaucoup des professionnels présents sont formés en communication non violente (CNV). Je n'avais jamais entendu ce mot. Ce fut un choc, un déclic, un grand tournant dans ma vie de voir qu'une formation pouvait réellement améliorer les relations, avec des résultats tangibles sur le terrain.

Je suis infiniment reconnaissante à cet homme qui transmet, donne, partage sans compter et grâce à qui j'ai découvert la CNV. Depuis, je milite pour qu'elle soit enseignée dans toutes les formations aux métiers de relation, professionnels de santé, enseignants, et pourquoi pas à tout le monde.

# CE QUE JE SOUHAITE TRANSMETTRE

J'aimerais réussir à convaincre nos dirigeants de doter la France d'une loi qui interdise tout traitement cruel, dégradant ou humiliant, y compris tout recours aux violences corporelles sur les enfants. Ce serait une avancée de taille pour les générations futures. La France, patrie des droits de l'homme, deviendrait enfin un pays qui protège les enfants.

# 3

# CRÉER
# UN CONTEXTE
# FAVORABLE À LA
# TRANSMISSION

## CÉLINE ALVAREZ

||||||||||||||||||||||||||||||||||||||||||||||||||||||||||||||||||||||||||||||||

PASSIONNÉE PAR LA LINGUISTIQUE
ET LES NEUROSCIENCES, CÉLINE ALVAREZ
A EXPÉRIMENTÉ UN FONCTIONNEMENT PÉDAGOGIQUE
DIFFÉRENT DANS UNE CLASSE MATERNELLE
DE BANLIEUE PARISIENNE.

||||||||||||||||||||||||||||||||||||||||||||||||||||||||||||||||||||||||||||||||

Accorder de l'importance à la qualité de ce que l'on transmet est important. Mais accorder de l'importance aux conditions dans lesquelles cette transmission s'opère l'est tout autant. En effet, la recherche montre qu'aussi précieux et passionnant soit le contenu que nous souhaitons transmettre, si le contexte dans lequel se déroule la transmission ne respecte pas les mécanismes biologiques de l'apprentissage humain, celle-ci n'aura pas lieu ou de manière très lacunaire.

Mais avant d'évoquer quelques paramètres essentiels à l'apprentissage, j'aimerais commencer par vous parler du processus neurobiologique qui soutient le phénomène de l'apprentissage : la plasticité cérébrale. Car bien qu'il nous faille respecter quelques «lois» pour que le processus de transmission soit optimal, la neuroplasticité montre néanmoins que nous sommes éminemment et naturellement des êtres de transmission.

## Le cerveau se nourrit de nous et du monde extérieur

Pour construire son intelligence, l'être humain qui vient de naître commence par fixer dans les fibres de son cerveau les informations qu'il perçoit du monde extérieur. Chaque image, chaque interaction laisse comme une trace de mémoire de l'expérience vécue, en connectant des neurones.

Ces connexions de neurones s'appellent des synapses. Elles commencent à se former in utero, puis augmentent de façon extrêmement rapide après la naissance ; 700 à 1000 nouvelles connexions par seconde se créent pendant les cinq premières années de la vie. Tout ce que nous faisons avec le jeune enfant ou devant lui, tout ce qu'il perçoit du monde, crée une connexion dans son cerveau. Il atteint donc une très grande quantité de synapses. Pour preuve, une petite comparaison : le réseau Internet mondial possède 100 000 milliards de connexions entre ses pages web. On appelle cela des hyperliens. Le cerveau de l'adulte, lui, possède le triple de connexions entre ses neurones – 300 000 milliards. Mais tenez-vous bien : le cerveau de l'enfant possède dix fois plus de connexions que le réseau Internet mondial : 1 000 000 de milliards de connexions synaptiques.

Après cette période de création de milliards de connexions neuronales, le cerveau commence à faire le ménage. Les connexions les plus souvent utilisées vont se renforcer. À l'inverse, les connexions les moins utilisées vont progressivement s'affaiblir et être éliminées. On appelle cela l'élagage synaptique. L'être humain, en grandissant, verra donc sa quantité de synapses fortement diminuer. Néanmoins, nous ne devenons pas moins intelligents avec l'âge : nous devenons des spécialistes, des spécialistes de la langue, de la culture, des comportements que nous avons régulièrement perçus et reproduits.

Mais attention. Gardons bien une chose en tête : le cerveau ne conserve pas les connexions des meilleures expériences. Il conserve les connexions des expériences les plus fréquentes. Notre responsabilité est donc très grande, car ce sont nos choix et nos habitudes qui vont renforcer certaines connexions, et en éliminer d'autres.

Nous conservons cette plasticité cérébrale toute notre vie. Néanmoins, comme le précise le Dr Catherine Gueguen dans le chapitre 2 de ce livre, durant les cinq premières années de la vie, et particulièrement lors des deux premières, le cerveau humain est vraiment extraordinairement plastique parce qu'il naît au monde très immature. Il naît comme «prématuré». Il va maturer, former son intelligence, ses fondations, *dans* le monde et *avec* le monde. Alors offrons-le-lui, et offrons-lui le meilleur.

# Deux lois fondamentales du développement et de l'épanouissement humains

Ce détour par la neurobiologie nous montre à quel point nos enfants sont naturellement prédisposés à accueillir et à recevoir, dans l'intimité de leurs fibres cérébrales, l'héritage de l'humanité. Il nous appartient donc vraiment, à nous adultes, de créer avec conscience, joie, et amour, des environnements adaptés, capables de nourrir en quantité et en qualité, leur intelligence en grande demande d'informations.

Mais lorsque nous pensons ces environnements pour nos enfants, il est capital que nous respections quelques lois biologiques fondamentales. Car dans le cas contraire, nos enfants, pourtant prédisposés à apprendre sans effort, peineront à s'approprier ce que nous avons de précieux à leur transmettre.

Une première loi qui me semble fondamentale, est que l'être humain ne peut pas apprendre lorsqu'il n'est pas motivé. Aujourd'hui nous le savons, les neurosciences nous le montrent, lorsque nous ne sommes pas curieux ou enthousiastes à propos d'un sujet ou d'une activité, les zones de la mémoire s'activent à peine, de manière très faible. Nous ne pouvons pas mémoriser quelque chose qui ne nous intéresse pas, ou qui est loin de nos préoccupations personnelles. Ce n'est biologiquement pas possible. Il semble donc capital que l'enfant puisse choisir ce qu'il aime, et réaliser cette activité autant de temps que cela lui est nécessaire et constructif. C'est le premier point.

La deuxième loi qui me paraît vraiment essentielle, c'est l'importance de la reliance sociale positive. L'être humain ne peut pas apprendre ni se développer correctement dans un environnement où il ne se sent pas positivement relié à l'autre. Il ne peut pas le faire, il n'est pas câblé pour cela : lorsqu'il se sent jugé par exemple, par l'adulte ou par ses pairs, cela provoque chez lui un stress qui lui est toxique, qui abîme des structures cérébrales aussi fondamentales que celles de la mémoire ou des compétences cognitives supérieures, telles que la flexibilité cognitive, la mémoire de travail ou le contrôle inhibiteur. Ces trois compétences sont pourtant plus prédictives pour la réussite scolaire, sociale et professionnelle que le QI. Ce stress bloque également le processus de neuroplasticité. Un être stressé par une relation sociale négative aura donc de très grandes difficultés à apprendre.

Les sciences cognitives nous le disent maintenant très clairement.

Il nous faut par conséquent éviter autant que possible les situations de stress en général, et de stress social encore davantage. Et au contraire, il nous faut créer des environnements qui invitent à la reliance sociale, au lien humain chaleureux et empathique. Nous savons aujourd'hui sans l'ombre d'un doute que l'empathie, la bienveillance, l'attitude chaleureuse de l'adulte envers les enfants, mais également l'attitude chaleureuse *entre* les enfants, catalyse de manière extraordinaire le développement cérébral. Cette reliance provoque en effet un foisonnement de connexions neuronales dans tout le cerveau et particulièrement dans les zones de la mémoire, dans les zones préfrontales (qui accueillent les circuits des compétences cognitives supérieures) et dans la zone orbito-frontale qui abrite une partie des circuits de l'empathie, du sens moral et éthique, et de la capacité à faire de choix appropriés. Les potentiels embryonnaires – sociaux, moraux, cognitifs – avec lesquels nous sommes livrés au monde, fleurissent. À noter par ailleurs qu'un environnement chaleureux et aimant favorise fortement le processus de plasticité cérébrale.

L'empathie,
la bienveillance,
l'attitude chaleureuse
de l'adulte envers
les enfants, mais
également *entre* les
enfants, catalysent
de manière
extraordinaire
le développement
cérébral.

||||||||||

La reliance entre les êtres, la bienveillance, l'empathie ne doivent plus être des alternatives pédagogiques, encore considérées comme un brin farfelues par certains. Pour l'être éminemment social que nous sommes, l'amour n'est pas une option. L'être humain a besoin de se sentir positivement relié à l'autre pour épanouir son unicité ainsi que les potentiels humains universels dont il est dépositaire. Le bon pédagogue est celui qui a compris la puissance et l'importance de la connexion humaine dans le processus d'apprentissage.

Mais ne nous méprenons pas, il ne s'agit pas seulement de créer ce lien porteur entre l'adulte et l'enfant. Les enseignants le font déjà spontanément, et bien qu'ils y mettent tout leur cœur, ils sentent bien que cela n'est pas suffisant. Il s'agit en effet davantage de créer des *écosystèmes,* des environnements, où toute la communauté – adultes et enfants – se sente concernée et prenne en charge l'émergence et la constance de ce lien humain fécond, empathique et chaleureux.

## Une école qui interfère avec les mécanismes naturels d'apprentissage

En France, malheureusement, ces grands principes ne sont pas totalement respectés. Nous avons tout d'abord des difficultés à créer un environnement riche, de qualité, où l'on dispense des activités culturelles réellement stimulantes pour les enfants. Nos enfants sont souvent, dès le plus jeune âge, bien plus ambitieux que nous ne le sommes pour eux dans la conquête du savoir : ils veulent très tôt faire comme nous – apprendre à se débrouiller seul au quotidien, apprendre à lire, à écrire, à compter très très loin ! Lorsque l'on vit auprès de jeunes enfants, on sait bien qu'à 3-4 ans, ils n'ont pas envie de compter jusqu'à 30, ils ont envie de compter jusqu'à 100, jusqu'à 1000, jusqu'à l'infini ! Alors qu'ils ont, pendant les trois premières années de leur vie, appris à se mettre debout, à marcher et à parler tout seuls, sans aucun maître ni manuel scolaire, nous leur proposons pour les trois prochaines années de leur vie quand ils entrent à l'école maternelle, de compter jusqu'à 30 (parce qu'il y a en moyenne 30 jours dans le mois et que la frise de la date s'arrête à 30 ou à 31), et d'apprendre le nom des 26 lettres de l'alphabet. Nous frustrons leur intelligence conquérante en plein développement. Et si nos enfants échouent à l'école, ce n'est peut-être pas parce que les tâches que nous leur proposons sont trop compliquées pour eux, mais peut-être parce qu'elles sont indignes de leur grande intelligence. Ainsi, en ne respectant pas la capacité naturelle, complexe, vivante, et très sophistiquée des jeunes enfants à apprendre, ils finissent par peiner à assimiler les basiques que nous souhaitons leur transmettre. Nous nous retrouvons à devoir pousser à apprendre des êtres merveilleusement câblés pour le faire sans effort. Et, même là, ils n'y parviennent pas ! Nos enfants perdent alors confiance en eux, et les adultes – enseignants, parents – s'épuisent à tenter de les aider.

Le souci, avant d'être pédagogique, est idéologique : un grand malentendu s'est installé entre adultes et enfants, et nous empêche de leur transmettre ce qu'ils désirent pourtant ardemment.

Néanmoins, il ne serait pas suffisant de proposer à l'enfant un environnement plus riche et plus stimulant pour favoriser la transmission. Car nous l'avons dit, si l'enfant ne choisit pas l'activité qu'il doit réaliser, si elle lui est imposée – aussi riche soit-elle – s'il la subit, qu'il n'est pas motivé, il ne peut pas mémoriser la connaissance à acquérir – ou alors de manière très superficielle. La mémorisation des informations ne sera pas solide : elles seront oubliées aux prochaines vacances scolaires. Nous connaissons cela, nous l'avons vécu nous-mêmes.

Et quand bien même ces deux premiers points seraient respectés – environnement plus ambitieux et motivation endogène – le système scolaire, malgré l'engagement parfois absolu des enseignants, se montre souvent brusque et stressant : il juge, compare nos enfants plutôt qu'il ne les accueille avec chaleur, dans leurs rythmes individuels et dans leur individualité propre. J'insiste sur ce point : comme je l'ai dit précédemment, il n'appartient pas uniquement aux enseignants d'incarner et de faire vivre un environnement social porteur. Pour que la « magie » du lien opère sur le développement cérébral de nos enfants, cette conscience sociale doit être animée et portée par tout un écosystème humain : parents, enfants, inspecteurs, conseillers pédagogiques, etc. C'est toute la communauté éducative qui doit, par son investissement conscient, recréer des environnements où chacun se sent relié aux autres et soutenu par eux.

En France, notre fonctionnement scolaire peine à respecter ces grands invariants de l'apprentissage, et cela nous amène chaque année à un chiffre totalement inacceptable : 40 % de nos enfants sortent de l'école primaire (à 11 ans) avec des lacunes dans les domaines fondamentaux que sont la lecture, l'écriture, les mathématiques, qui les empêcheront de poursuivre une scolarité normale au collège. 40 % ! C'est une aberration lorsque l'on sait que l'être humain est un être d'adaptation, de spécialisation, qu'il est naturellement prédisposé à apprendre sans effort. Cela montre bien que nous nous sommes trompés, non pas sur quelques détails, mais sur les fondations mêmes. Nous avons fait totalement fausse route. Et en Belgique francophone, les statistiques ne sont pas meilleures, bien au contraire. Cette région est la « championne du monde » en matière de redoublement : 47 % des jeunes de 15 ans ont déjà redoublé.

Ces chiffres ont déclenché chez moi une véritable obsession : que se passerait-il si l'école respectait davantage les grandes lois de l'apprentissage et de l'épanouissement, largement pressenties par de nombreux pédagogues – Montessori, Steiner, Freinet, Pestalozzi, Tolstoï, et tant d'autres – et aujourd'hui mises en lumière par les sciences du développement humain ? Parviendrions-nous davantage à transmettre nos héritages fondamentaux à nos enfants ?

## Une expérience scientifique grandeur nature

Que se passerait-il si l'école prenait en compte toute cette connaissance qui nous est livrée aujourd'hui, et qui nous conforte dans nos intuitions ? Que se passerait-il si l'école, aujourd'hui fondée sur des idées, des traditions ou des valeurs, se transformait pour s'ériger sur la connaissance de la vie humaine en développement – que se passerait-il ? Est-ce que les enfants apprendraient plus facilement et iraient à l'école avec plus de joie ? Que se passerait-il si notre école qui est actuellement fondée sur une démarche idéologique, se basait davantage sur une démarche scientifique ?

Pour répondre à cette question, j'ai souhaité réfléchir à un modèle d'école «physiologique», en créant une sorte de laboratoire de recherche pédagogique. J'ai étudié les écrits du Dr Maria Montessori qui s'était déjà engagée dans cette réflexion, j'ai étudié les neurosciences cognitives, affectives et sociales, et la linguistique. J'ai rapidement eu en tête un nouveau modèle éducatif, très disruptif, en rupture radicale avec les codes actuels de notre système scolaire. En 2008, je pensais matérialiser cette vision en Haïti ou au Mozambique, auprès d'enfants n'ayant pas accès à l'éducation. Mais, prenant conscience des statistiques intolérables de notre système éducatif, j'ai décidé en 2009 de laisser de côté ce projet, qui n'aurait eu d'impact qu'auprès d'une centaine d'enfants, et de proposer un environnement pédagogique moins radicalement différent de ce que nous connaissons, mais tout de même plus adapté au développement de l'enfant, au sein de la machine Éducation nationale.

Mon objectif était de montrer que, même dans les conditions de l'école publique, dans un milieu défavorisé et en zone «plan violence» si nous respections davantage les conditions nécessaires à l'épanouissement et à la transmission des savoirs, nous pouvions changer la donne. Il s'agissait principalement de proposer un environnement offrant des activités plus «ambitieuses», plus réelles et plus challengeantes, et de passer d'un fonctionnement pédagogique vertical à un fonctionnement horizontal. Nous avons accompagné les enfants à devenir autonomes du matin au soir afin qu'ils puissent nourrir eux-mêmes leurs élans endogènes, s'engager dans les activités qui les nourrissent réellement tout en respectant leurs rythmes individuels. Nous avons également favorisé le mélange des âges et la reliance sociale. Je me laissais trois années pour mener une telle expérience. Mon idée étant de reprendre mon projet initial « disruptif » par la suite.

Après avoir « infiltré » le système éducatif en passant le concours de professeur des écoles, j'obtins rapidement l'accord du ministère pour mener une telle expérimentation à Gennevilliers, en banlieue parisienne. L'expérience s'est déroulée au sein d'une classe maternelle composée de 25 à 27 enfants, dont de nombreux non-francophones. Les enfants étaient âgés de 3, 4 et 5 ans. Cette expérience a duré trois années. J'étais assistée par une personne prenant en charge le rôle d'aide maternelle, poste courant – mais malheureusement pas systématique – dans les écoles françaises. Une équipe de chercheurs indépendants devait se charger de tester, de manière annuelle et étalonnée, les progrès des enfants. Parce que s'il y avait des résultats – et je me doutais bien qu'ils seraient positifs – je voulais qu'ils soient objectifs.

Dans cet environnement où les enfants apprenaient à être autonomes et à s'engager dans des tâches constructives pour eux, nous leur proposions une centaine d'activités, sélectionnées avec grand soin. Il y avait des activités pratiques quotidiennes, des activités de langage, d'écriture, de musique, de mathématiques, d'entrée dans la lecture, de géographie, de musique, de peinture, d'argile… Si les conditions matérielles et architecturales nous l'avaient permis, nous aurions étendu cette proposition à tout ce qui passionne les enfants de cet âge : le jardinage, la cuisine, le soin d'animaux en liberté, de grands jeux de construction, etc.

Les enfants étaient libres de pouvoir choisir les activités qui les enthousiasmaient. Ils n'étaient pas libres « de faire ce qu'ils voulaient », de faire n'importe quoi, ou ce qui leur passait par la tête : pas du tout, au contraire. Notre rôle dans un tel environnement était d'aider l'enfant à s'orienter vers des activités qui allaient satisfaire un réel besoin chez lui. Nous cherchions à réveiller ses « énergies endogènes créatrices », telles que l'enthousiasme, la joie et la motivation, pour lui permettre d'être de plus en plus autonome et de se diriger chaque fois plus précisément vers des activités qui le nourrissent véritablement.

Nous avons par ailleurs (et surtout) créé un environnement social fortement empathique et porteur. Plutôt que de classer les enfants par année de naissance comme nous classerions des objets par année de fabrication, nous avons mélangé les âges. Nous avons recréé des conditions plus naturelles, plus physiologiques, où les enfants pouvaient reproduire les réussites des plus grands, par lesquels ils étaient fascinés. Les grands pouvaient également aider les plus petits. Nous savons aujourd'hui que cette entraide spontanée entre les enfants consolide les apprentissages des plus avancés et permet une transmission optimale. Ce qui est extraordinaire à observer, c'est que dans un tel environnement social où des enfants de 5 ans côtoient quotidiennement des enfants de 3 ans, émerge non plus des réactions de compétition ou de comparaison stressantes pour tous, mais une ambiance pleine d'une émulation collective galvanisante. J'avais la sensation que dans la classe, il y avait… comment dire… un sentiment, une énergie d'empathie, d'amour qui circulait constamment entre les enfants. Cela a littéralement catalysé leur développement global. Ce fut, à mon sens, l'élément le plus déterminant dans la réussite de l'expérience.

## Au sein d'un contexte plus physiologique, l'intelligence des enfants jaillit

Dès la première année, les enfants ont passé ce que l'on appelle des pré-tests. C'est-à-dire qu'au tout début de l'expérience, les enfants ont été testés sur des dimensions cognitives importantes, souvent déterminantes, comme la mémoire de travail : la capacité à mémoriser sur un temps court. Il s'agit d'une dimension dite «prédictive» de la réussite scolaire, mais plus généralement de la réussite personnelle et professionnelle. Les résultats des pré-tests ont montré qu'en début d'année les enfants étaient très en dessous de la norme, certains de plusieurs mois, d'autres de plusieurs années. Les spécialistes m'avaient prévenue : «Il ne faut pas du tout s'attendre à ce que les post-tests que nous réaliserons dans six mois indiquent que les enfants aient rattrapé leur retard négatif à la norme. Si cela a stagné, ce sera déjà extraordinaire.»

J'espérais tout de même que l'évolution soit mesurable. J'avais vu en six mois les enfants faire des progrès extraordinaires. Et à notre grande surprise, ce fut le cas. Les enfants avaient énormément progressé, beaucoup avaient rattrapé la norme et certains l'avaient même largement dépassée.

Je pense notamment à une petite fille, qui avait en mémoire de travail, à 4 ans, un retard de huit mois. Cet enfant a, en six mois, non seulement rattrapé ses huit mois de retard, mais elle a également dépassé la norme de vingt-huit mois. Lorsque enfin nous replaçons l'être humain dans des conditions qui n'entravent plus son fonctionnement biologique naturel, mais que nous le plaçons dans un écosystème qui le respecte et le soutient, la vie jaillit avec une force et une rapidité insoupçonnées.

Car, soyons clairs : cette évolution spectaculaire n'a pas été obtenue avec une «méthode» particulière. Elle n'a pas non plus été obtenue parce que les enfants disposaient de QI extraordinaires ou de la présence à leur côté d'adultes hors normes – non, ce n'était pas cela. Les progrès fulgurants de ces enfants ont eu lieu car nous avons recréé des conditions dans lesquelles la vie pouvait de nouveau émerger et s'épanouir.

Et, ayant développé de bonnes capacités cognitives, les enfants sont naturellement entrés dans la lecture et dans l'écriture. La première année, 90 % des enfants de 4 ans étaient déjà entrés dans la lecture, avec joie et facilité. Ils réalisaient également des opérations en mathématiques (à quatre chiffres !). Ils manipulaient également facilement les concepts de base en géographie, en musique, en géométrie… Reconnectés à leurs élans endogènes et portés par le groupe, tout ce qu'ils désiraient, ils étaient capables de le conquérir.

En raison d'une interdiction institutionnelle, les tests de la deuxième année n'ont pu être passés que par une quinzaine d'enfants. Néanmoins, la tendance des résultats a été extraordinaire : ces enfants, qui avaient passé deux années dans la classe, avaient un tel niveau dans les compétences fondamentales que sont la lecture et les mathématiques qu'ils ont dû passer des tests étalonnés pour des enfants de CE2. Et même s'ils n'avaient que 5 ans, ils plafonnaient, pour la plupart, en lecture et en mathématiques, aux meilleurs résultats de CE2.

Les enfants étaient entrés avec tant de facilité dans la lecture que cela intriguait les spécialistes. Ainsi, la troisième année, Stanislas Dehaene, neuroscientifique qui dirige la chaire de psychologie cognitive expérimentale au Collège de France – et travaille sur les circuits neuronaux de la lecture – m'a proposé de faire passer une IRM aux enfants entrés dans la lecture à 4 ans, afin de comparer le câblage de leurs circuits neuronaux avec ceux d'enfants qui ne deviennent lecteurs qu'à 6 ans.

Le câblage des circuits de la lecture serait-il le même ? Les tests ont indiqué que ces circuits ne montraient aucune différence, ils s'étaient simplement mis en place avec en moyenne un an et demi d'avance.

Les résultats de cette expérience ne signifient absolument pas, je tiens à le dire, que tous les enfants de 4 ans doivent apprendre à lire et à faire des opérations à 4 chiffres. Mon message n'est pas du tout celui-ci. Ces résultats nous invitent à prendre conscience que nous avons peut-être sous-estimé les grandes capacités de nos enfants et que s'ils veulent lire lorsqu'ils ont 4 ans, ils peuvent sans doute le faire. Et qui sommes-nous pour leur dire : « Tss, non, pas maintenant la lecture, dans deux ans, au CP » ? Cela me fait penser à une métaphore utilisée par Maria Montessori à propos de l'école : un enfant demande un verre d'eau et dit « J'ai soif, est-ce que je pourrais avoir de l'eau ? », et la personne lui répond « non, non, demain » – et le lendemain, alors qu'il n'a pas soif, on lui demande de boire une jarre entière.

## Une personnalité unifiée et des qualités humaines lumineuses

Je viens de vous parler des résultats qui concernent les dimensions cognitives. Mais le plus impressionnant à observer, ce fut le développement des compétences que l'on appelle les compétences non cognitives. C'est-à-dire l'empathie, l'altruisme, la générosité, la confiance en soi, l'autodiscipline, le calme, la maturité. Tout cela a fleuri chez les enfants d'une manière extraordinaire, et je vous assure que je ne m'attendais pas à ce que cela se produise de la sorte, de manière aussi massive, pour tous les enfants. Ils étaient joyeux, calmes, auto-disciplinés, ils avaient confiance en eux, en l'autre, et ils étaient même plus lumineux, plus beaux. Ils avaient l'air en meilleure santé physique et psychique. Comme si tout leur organisme avait été nourri et revivifié.

J'avais donc la réponse à ma question : « Que se passerait-il si l'on recréait des environnements d'apprentissage qui respectent davantage les lois de la transmission, les lois de l'apprentissage et les lois de l'épanouissement ? » La réponse était claire : lorsque nous les respectons, les « fondamentaux » que nous avons tant de mal à transmettre à nos enfants – lire, écrire, compter – redeviennent des conquêtes faciles, heureuses, joyeuses. Et au-delà de cela, et ce qui est plus précieux à mes yeux, c'est que les enfants conservent – ou retrouvent – cet enthousiasme profond qui les guide vers leur plein épanouissement.

Après trois années, l'expérience s'est arrêtée. Forte de ces premiers résultats très encourageants, j'aurais souhaité poursuivre mes recherches avec l'Éducation nationale, en matérialisant notamment le modèle «disruptif» que j'évoquais précédemment. Cela ne fut pas possible et tant mieux. Car j'ai ensuite eu toute la liberté et tout le temps nécessaires pour partager avec les parents et les enseignants – par l'intermédiaire d'un livre, de nombreuses vidéos et d'un site Internet – les outils pédagogiques et théoriques qui m'ont permis d'avoir un impact si positif auprès des enfants.

Mon envie de partage a rencontré le désir brûlant de très nombreux enseignants qui souhaitaient faire autrement. J'ai le sentiment que ces contenus ont donné confiance à ceux qui n'osaient pas faire le pas. Ils sont aujourd'hui des centaines à se lancer à leur façon, à leur rythme. De plus en plus d'écoles publiques entières ! Et le plus souvent… avec le soutien de leur hiérarchie et de leur commune. Un vent nouveau est en train de souffler au sein de notre école. En Belgique, le mouvement prend de plus en plus d'ampleur. J'ai eu la chance de rencontrer Mme la ministre de l'Éducation en Fédération Wallonie-Bruxelles et son cabinet qui se montrent très favorables à cette démarche éducative scientifique.

À la sortie de mon livre, j'ai entendu : « Il n'y a rien de nouveau dans tout cela, on le savait déjà intuitivement. » Tout à fait. Mais tant que ces vérités éducatives, aujourd'hui scientifiquement mises en lumière, ne seront pas massivement appliquées au point de devenir la norme, des générations d'êtres humains se succéderont pour prendre le micro et les rappeler. Car l'enjeu est immense. Si nous nous engageons collectivement à ne plus piétiner les lois biologiques qui conditionnent le développement humain, il est fort probable que nous soyons témoins de quelque chose de grandiose : une levée d'êtres humains aux potentiels cognitifs, sociaux, émotionnels et créatifs pleinement déployés, qui seront en capacité de construire, avec intelligence, discernement et bienveillance, une société nouvelle.

# TROIS RECOMMANDATIONS CONCRÈTES

Voici comment l'on peut faciliter le processus naturel de l'apprentissage :

● Offrir un environnement de qualité qui ne sous-estime pas l'intelligence impressionnante et hautement sophistiquée du jeune être humain.

● Soutenir et nourrir les élans endogènes, les motivations et enthousiasmes intrinsèques.

● Favoriser la reliance sociale positive. Faire en sorte que nos enfants se sentent connectés aux êtres qui les entourent par un lien empathique et chaleureux, même en situation de désaccord. Tout porte à croire – la recherche en neurosciences et la pratique – qu'il s'agit là du critère le plus important pour favoriser la transmission.

# UNE TRANSMISSION
# QUI A COMPTÉ

Celle qui s'opère actuellement sur le terrain, dans nos écoles, en France. Je suis émue et surprise de constater à quelle vitesse les enseignants, dont beaucoup attendaient que leurs intuitions soient scientifiquement étayées pour « se lancer », s'emparent avec enthousiasme des informations que je partage dans mes vidéos, sur mon site et dans mon livre. À chaque conférence que je donne, les salles sont emplies majoritairement d'enseignants qui viennent chercher l'élan et des informations pour démarrer leur propre recherche, ou trouver les arguments pour convaincre leur équipe... Ils sont même de plus en plus nombreux à endosser spontanément, à leur tour, un rôle de « passeur » : ils ne reçoivent pas ces informations comme un système figé, ils se les approprient, les testent, les précisent et les partagent à leur tour avec leurs collègues. Cette transmission se transforme en véritable mouvement. Elle ne tarit pas, au contraire, elle augmente. Cela me comble de joie. Sentir que nous sommes réellement en train de changer les choses pour nos enfants, ensemble, dans un partage bienveillant, ouvert et non idéologique est un sentiment puissant et libérateur : tout devient possible. Lorsque nous mettons en commun nos connaissances, que nous nous reconnectons les uns aux autres dans la confiance et dans la joie, nous devenons une entité intelligente inarrêtable.

# CE QUE JE SOUHAITE TRANSMETTRE

Le travail mené à Gennevilliers n'était pas un acte pédagogique. Il s'agissait avant tout d'un acte politique. Par cette expérience, je souhaitais m'adresser, non pas aux enfants, mais à mes contemporains adultes – parents, enseignants – pour leur faire passer le message suivant : « Allons-y, n'ayons pas peur, créons des environnements d'apprentissage qui respectent davantage les lois de la transmission humaine. Allons-y, cela fonctionne ! Mais n'essayons pas pour cela d'inventer une autre nouvelle méthode : respectons et honorons tout simplement celle de l'enfant.»

# 4

# TRANSMETTRE LES CLÉS POUR DEVENIR SOI-MÊME

## FRÉDÉRIC LENOIR

||||||||||||||||||||||||||||||||||||||||||||||||||||||||||||||||||||||||||||||||

FRÉDÉRIC LENOIR EST PHILOSOPHE, SOCIOLOGUE ET HISTORIEN DES RELIGIONS. IL EST PRÉSIDENT DES ASSOCIATIONS *SEVE* ET *ENSEMBLE POUR LES ANIMAUX*.

||||||||||||||||||||||||||||||||||||||||||||||||||||||||||||||||||||||||||||||||

Transmettre pour moi, ce n'est pas tant enseigner des connaissances, des informations ou un métier, ce que l'on apprend à l'école actuellement. C'est permettre aux autres de grandir en leur donnant de l'amour et de grandir en conscience en leur apportant les clés pour se connaître. C'est transmettre un savoir-être, un savoir-vivre, en proposant à chacun des clés pour trouver ses réponses.

## Incarner l'amour

La première clé de la transmission, c'est l'amour, qui éveille le cœur. Donner de l'amour pour que notre cœur grandisse. Un amour dont certains d'entre nous ont manqué, un amour incarné en actes, en attitudes, en gestes. L'amour est fondamental car il éveille la personne à elle-même.

J'ai reçu de mes parents une éducation ancienne, à la dure. Des fessées et des raclées trois fois par semaine en moyenne, j'ai parfois été enfermé à la cave. Mon père avait beaucoup d'affection pour nous, mais il était autoritaire et violent. Ma mère ressentait certainement aussi beaucoup d'amour pour nous, mais ne savait ni le donner ni l'exprimer. Elle ne nous prenait jamais dans ses bras. Sa propre mère, très catholique, lui avait dit : « Si tu touches tes enfants, tu vas éveiller leur sexualité. » Donc, il ne fallait pas nous toucher. Ma grand-mère lui avait aussi dit : « Ne leur fais jamais de compliment, tu vas éveiller leur orgueil. » C'est l'un des pièges de la transmission, tout ce que l'on fait passer qui dévalorise, comme ces parents qui disent « tu ne vaux rien », ou certains dogmes religieux qui vont à l'encontre de la construction de l'estime de soi. Aujourd'hui heureusement, la psychologie et la science cognitive démontrent qu'il est essentiel de valoriser l'enfant.

Personnellement, trois éléments m'ont permis de me construire malgré ces difficultés :

Ce sont tout d'abord mes frères et sœurs. Ce lien affectif horizontal a compensé les lacunes affectives parentales. Nous étions quatre enfants et nous nous sommes soutenus, nous avons partagé beaucoup.

Ensuite, la nature. La nature m'a donné de l'amour. Nous vivions à la campagne et je passais mes journées dehors. Je voulais tout le temps aller jouer au fond du jardin. Mes parents me disaient : « C'est dangereux ». Je demandais : « Pourquoi dangereux ?

— Il peut y avoir des loups.

— Je m'en fiche… les loups me protégeront ! »

Je n'avais pas peur des animaux et jouer avec eux m'a énormément apporté quand j'étais enfant.

Et enfin, ma nounou, qui m'a élevé les deux premières années de ma vie. Je suis né à Madagascar, le hasard fait parfois bien les choses car je ne pense pas que j'aurais eu une nounou à Paris. Ma nounou m'a certainement apporté la tendresse maternelle qui faisait défaut. Un de mes moteurs, encore aujourd'hui, est de partager cette affection et cette tendresse manquées. Je suis d'un naturel tendre et tactile et il m'arrive souvent d'embrasser des inconnus qui me touchent. Dès que quelqu'un me confie un bout de son histoire, ce qui arrive souvent lorsque l'on est auteur : « J'ai lu votre livre et cela m'a rappelé… », « Mon père est mort pendant qu'il lisait votre livre… », je le prends dans mes bras et on pleure ou on rit ensemble.

L'une des plus anciennes et des plus éclairantes visions de la transmission nous vient de Confucius : « Si tu donnes un poisson à un homme, il mangera une journée. Si tu lui apprends à pêcher, il mangera toute sa vie. »

## Philosopher et méditer pour développer la connaissance de soi

Une deuxième clé est de permettre aux personnes de développer par elles-mêmes leur intelligence. Non pas uniquement sous la forme d'un savoir, mais comme capacité d'éveiller sa propre intelligence. Et cela, de le transmettre à l'enfant comme à chaque personne que l'on rencontre. Donner à celui ou celle qui se trouve face à nous les clés qui l'aideront à trouver son intelligence, à faire preuve de discernement et à penser par soi-même.

Transmettre,
c'est d'abord donner
de l'amour pour que
notre cœur grandisse.
Un amour dont
certains d'entre nous
ont manqué,
incarné en actes,
en attitudes,
en gestes.

|||||||||||||||

La philosophie nous apprend à penser. Le but n'est pas seulement de connaître un savoir théorique, ce que pensaient les autres avant nous. La base de la philosophie, ce que je retiens des Grecs, c'est l'étonnement, l'interrogation, l'argumentation.

La méditation nous donne également une clé d'accès à notre intériorité, à nous-mêmes et nous permet d'acquérir un discernement, une distance émotionnelle.

Transmettre très tôt aux enfants l'apprentissage de la philosophie et de la méditation et pratiquer avec eux pour leur apprendre à penser, voilà ce que l'on peut leur offrir de mieux, avec bien sûr l'amour.

Un piège serait de transmettre ses propres convictions comme des vérités universelles.

En tant que philosophe, je ne cherche jamais à donner de réponses toutes faites, je veux proposer des pistes au lecteur qui se dira : « Tiens, tel penseur a dit ceci et cela fait écho en moi, je vais essayer de développer ma propre conception, ma propre pensée. »

La clé de la transmission, c'est de transmettre ce que l'on pense, ce que l'on croit, mais en proposant aux autres de le remettre en question, de discerner si cela est juste pour eux ou pas, en développant leur esprit critique.

## Philosopher et méditer avec les enfants

Il est essentiel, avec les enfants, d'avoir des principes éducatifs les plus justes possible. Mais encore une fois, sans vouloir transmettre ses propres convictions comme des vérités universelles, au risque que les enfants se sentent finalement enfermés dans une croyance. La clé est de transmettre ce que l'on pense, ce en quoi l'on croit, tout en disant à l'enfant : « Critique-le, remets-le en question, développe ton intelligence, discerne par toi-même si ce que je dis te semble juste ou pas. »

Lors des ateliers philo avec les enfants, nous ne leur dispensons pas un enseignement philosophique, nous leur posons une question, par exemple : « Qu'est-ce qu'une vie réussie ? » ou « Vaudrait-il mieux être mortel ou immortel ? » Les enfants répondent, échangent entre eux. Nous les accompagnons et leur apprenons à dialoguer, s'écouter et à argumenter. Ils sont d'une intelligence incroyable.

Lors d'un atelier sur le bonheur dans une classe d'un petit village corse, l'un des enfants a dit : « Être heureux, c'est pouvoir avoir tout ce qu'on veut, satisfaire tous ses désirs. » J'ai demandé : « Est-ce que vous êtes d'accord avec cela ? » Plusieurs enfants ont répondu oui. Mais l'un des enfants a dit : « Non, moi, je ne suis pas d'accord.

– Pourquoi tu n'es pas d'accord ?

– C'est pas vrai, ça ne marche pas.

– Pourquoi ?

– Quand on a un jouet, on en veut toujours un autre et on n'est jamais satisfait. » Et il a conclu : « Donc, on ne peut pas mettre son bonheur dans la satisfaction de ses désirs, parce qu'on est toujours insatisfait. » Et il a convaincu tous les autres.

Je lui ai demandé ce qu'était le bonheur pour lui. Il a pris un petit temps de silence et de réflexion, puis il a dit : « Finalement, être heureux, c'est exister au monde. » Il avait 7 ans et demi.

Dans les ateliers mis en place par l'association SEVE (Savoir être et vivre ensemble), nous proposons aussi une pratique méditative de pleine présence. Au fur et à mesure des ateliers, au bout de deux, trois, quatre séances, beaucoup d'enfants se mettent à pratiquer chez eux. Lorsque je leur ai demandé pourquoi, l'un m'a dit : « Je dors beaucoup mieux » ; un autre : « Dès que j'ai envie de taper ma petite sœur, je vais méditer dans ma chambre et après je n'ai plus envie de l'embêter » ; et un autre : « Moi, mon père est chef d'entreprise, il est très stressé, je lui ai appris à méditer et cela va beaucoup mieux. » C'est merveilleux ! Ce sont les enfants qui vont rééduquer leurs parents !

Les ateliers philo permettent donc d'apprendre à penser par soi-même, à réfléchir avec les autres, conceptualiser, argumenter. L'essentiel, comme nous dit Montaigne, n'étant pas d'avoir une tête bien pleine, mais une tête bien faite. C'est le but des ateliers philo, ainsi que d'apprendre à écouter les autres et à débattre avec eux de manière constructive. Et puis, être plus attentif, réguler ses émotions, développer le calme intérieur, c'est ce qu'apporte la pratique de l'attention. Cela contribue à atteindre l'objectif que nous nous sommes fixé : aider les enfants à grandir en humanité.

## Cinq transmissions essentielles

Si exister est un fait, vivre est un art, vivre s'apprend. Quels sont ceux qui m'ont appris à penser ? Et à vivre mieux, à vivre bien ? Car c'est à cela que sert la philosophie, finalement : penser mieux pour vivre mieux. Sur mon chemin, cinq personnages m'ont transmis chacun quelque chose d'essentiel. Ceux que j'aime appeler mes maîtres de vie sont Socrate, Jésus, Bouddha, Spinoza et Tchouang-tseu.

### Socrate : rechercher la vérité

Socrate est le premier philosophe que j'ai rencontré, j'avais 13 ans. Mon père était certes autoritaire, mais il était aussi philosophe et il m'a mis entre les mains *Le Banquet* de Platon. Cette lecture m'a passionné et j'ai lu ensuite tous les livres de Platon. Puis Épicure, Aristote, les stoïciens, etc.

Les Grecs entendaient par philosophie la recherche de la vérité, l'amour de la vérité, le désir de la vérité. On n'atteindra peut-être jamais cette vérité, mais au moins, désirons-la, cherchons-la, ayons à cœur cet amour et ce désir qui nous permettent d'être de plus en plus lucides et de plus en plus conscients. Si l'on a des idées justes, on peut vivre mieux, on peut vivre plus heureux, on peut s'épanouir sur quelque chose de vrai et non sur une illusion. Beaucoup de gens sont heureux sur une illusion de croyance, de vie amoureuse,… Il y a des illusions qui nous font vivre, qui nous rendent heureux quelque temps. Mais un jour, cela s'écroule. Et lorsque cela s'écroule, on passe de la joie à la tristesse. C'est pourquoi il est si important, je pense, d'avoir une connaissance, un discernement qui nous permette d'être lucide et de chercher toujours plus la vérité.

À 16 ans, je me suis passionné pour une quête fondamentale : «Qu'est-ce qu'un être humain ? Pourquoi est-on sur terre ? Qu'est-ce qu'une vie réussie ? Qu'est-ce qu'une vie bonne ?» Et Socrate a été mon initiateur.

Socrate est le grand maître de la lucidité. Sa maïeutique consiste à faire accoucher ses interlocuteurs de leur pensée personnelle, du savoir qu'ils ont en eux. Sa mère était sage-femme, lui accouchait les esprits. Il voulait nous montrer que tout ce que nous pensons comme vrai ou acquis peut être fondé sur un *a priori*. Nous avons tous, spontanément, un certain nombre d'opinions fondées sur des préjugés, des croyances que nous n'avons jamais remises en question. Socrate nous aide à rechercher la vérité au-delà de ces idées reçues.

### Le Bouddha : lâcher son ego

Après Socrate, j'ai découvert le Bouddha, l'Éveillé. J'étais en quête de concret. Je lisais les philosophes, mais je n'avais pas Socrate à mes côtés pour m'aider à parcourir ce chemin vers la sagesse. Alors, à 20 ans, un peu comme notre ami Matthieu Ricard, je suis parti en Inde à la recherche de maîtres qui me transmettraient une sagesse vivante et j'y ai rencontré plusieurs maîtres spirituels. J'ai appris la méditation. Depuis trente-trois ans, je médite grâce aux moines tibétains.

La méditation et le bouddhisme m'ont appris quelque chose d'extrêmement précieux: le fonctionnement de l'ego. À 20 ans, j'ai découvert qu'il ne fallait pas s'identifier à ce personnage que l'on appelle l'ego, qui est nourri de toutes les rencontres que nous faisons. Nous vivons en permanence dans le regard des autres, nous nous sommes construits – notre ego s'est construit – dans le regard des autres, pour le meilleur et pour le pire. Le meilleur, c'est lorsqu'on vous dit que vous êtes quelqu'un de bien, vous le croyez, cela renforce votre ego, c'est positif. Le pire, c'est lorsqu'on vous dit que vous ne valez rien. J'ai compris qu'il était important d'avoir un ego, mais qu'il était plus important encore de ne pas s'identifier à cet ego et de savoir le lâcher. Tout le travail de la psychologie spirituelle issue du bouddhisme m'a été extrêmement précieux. J'ai appris assez rapidement à ne pas m'attacher à ce que l'on disait ou pensait de moi. C'est extrêmement utile, cela permet de dormir la nuit. Si l'on attend pour être heureux que l'on nous fasse des compliments ou que l'on arrête de nous faire des critiques, on ne le sera jamais.

Dans la tradition philosophique française, depuis Voltaire, si on est intelligent, on est nécessairement pessimiste. Si on est optimiste, c'est qu'on est bête ou naïf. Être intelligent, c'est être lucide et être lucide, c'est être critique et ne voir que ce qui va mal... Je ne suis pas du tout d'accord avec cela ! Je pense qu'on peut être lucide aussi sur tout ce qui va bien ! Je trouve que c'est bien d'en parler, même si je passe pour un « naïf » ou un « bisounours » et que cela me vaut pas mal de mépris dans une certaine intelligentsia parisienne. Le bouddhisme m'a appris que mon pire ennemi est mon meilleur ami, parce qu'il m'aide à progresser dans le lâcher de l'ego. Le bouddhisme m'a aidé à faire ce chemin de distanciation par rapport à mes émotions, notamment grâce à la méditation.

### Jésus : oser aimer

Jésus a été une rencontre plus tardive. J'avais gardé de très mauvais souvenirs de mon éducation religieuse. Mais un jour, j'ai lu les Évangiles et je me suis mis à pleurer. C'était incroyable. J'étais bouleversé par le message d'amour de Jésus, un message dit avec des mots, mais aussi un message vécu. Lorsqu'il sauve la femme adultère que la loi de Moïse exige de lapider : « Que celui d'entre vous qui n'a jamais péché lui jette la première pierre.» C'est l'une des plus belles paroles de toute l'histoire de la spiritualité. Et lorsqu'il accepte de parler avec des prostituées, ce qui scandalise les «bons croyants» de l'époque, Jésus répond : «Je ne suis pas venu pour les justes et les bien portants, mais pour les pécheurs et les malades.»

Jésus, c'est la découverte de cet amour inconditionnel, universel, au-dessus de la loi, au-dessus de tout... Lors de sa crucifixion, le brigand criminel à côté de lui explique au dernier condamné, qui injurie Jésus : «Pour nous, c'est justice, nous payons nos actes ; mais lui n'a rien fait de mal.» Et Jésus lui répond cette phrase extraordinaire : «En vérité, je te le dis, aujourd'hui, tu seras avec moi au paradis.» On devrait se rappeler plus souvent que la seule personne canonisée par Jésus est un criminel, et non un saint vertueux ! Cela résume bien les Évangiles, pour moi.

### Spinoza : le désir est l'essence de l'homme

Spinoza est un philosophe que j'ai redécouvert plus récemment. Spinoza est l'ancêtre de la psychologie des profondeurs, le premier philosophe à proclamer que l'être humain est entièrement mû par ses émotions et que nos désirs et nos émotions précèdent et conditionnent nos pensées. Nous ne désirons pas une chose parce qu'elle est bonne, affirme-t-il, mais nous la jugeons bonne parce que nous la désirons. Nos émotions, nos désirs, notre sensibilité influent grandement sur notre philosophie de la vie. Il suffit de regarder la vie et la pensée des grands philosophes pour s'en convaincre. Schopenhauer, qui a eu une vie remplie de tristesse et de souffrances, a construit une philosophie profondément pessimiste. D'un autre côté, Montaigne, qui était un homme joyeux, nous a laissé une philosophie essentiellement optimiste. Nos émotions participent profondément à la construction de notre pensée.

Spinoza met l'accent sur un autre point qui me semble essentiel. Pour lui, si l'on est aux prises avec une addiction, si l'on est sur une mauvaise pente, si l'on fait de mauvais choix, ce qui va nous aider à changer, ce n'est ni la raison ni la volonté. La seule chose qui va nous aider à changer et à progresser, c'est le désir. Le désir est l'essence de l'homme et ce qui fait que nous pouvons progresser. Il ne s'agit donc pas de renoncer au désir, mais d'apprendre à l'orienter vers des personnes, des motivations qui nous font grandir. Il est essentiel, si l'on veut progresser, de susciter de

« La transmission, c'est cette attention portée à un autre qui fait qu'en lui surgit le meilleur de lui-même. »

**CHRISTIANE SINGER**

nouveaux désirs, des désirs qui soient justes et bien orientés.

Enfin, j'aime beaucoup ce que dit Spinoza de la joie. Il propose de différencier les joies actives des joies passives. Une joie active est une joie fondée sur une idée adéquate, une vérité. Une joie passive est une joie fondée sur une erreur, une idée inadéquate.

Dans la vie amoureuse, nous avons beaucoup de joies passives. On rencontre une personne et l'on projette sur elle, sur lui, nos besoins, nos attentes infantiles non résolues, etc., et au bout de six mois, on se dit: «Mais on m'a trompé sur la marchandise!» En fait non, on ne vous a pas trompé sur la marchandise. Vous vous êtes illusionné. Souvent nous dit Spinoza, lorsque l'on découvre la vérité, on passe de la joie à la tristesse, voire à la haine. On finit par haïr ce que l'on a adoré. Pourquoi? Parce que l'on a été désillusionné et que l'on refuse d'admettre que l'on est responsable de cette illusion. Alors on reporte la faute sur l'autre, le divorce dure vingt ans et l'on n'en finit pas.

À l'inverse, une joie fondée sur une idée adéquate, vraie, est éternelle. C'est ce que Spinoza appelle la joie active. Lorsque l'on a vécu des moments d'amour vrai avec quelqu'un, il y a une joie active qui est éternelle; et cette joie-là, personne ne peut nous l'enlever. C'est pour cela, je pense, que l'on dit que l'amour est plus fort que la mort.

### Tchouang-tseu : lâcher prise

J'ai découvert Tchouang-tseu à peu près en même temps que Spinoza. Il est un des grands penseurs fondateurs du taoïsme, un courant philosophique chinois qui s'est construit à la fois dans le prolongement et en réaction au confucianisme. Le confucianisme est la matrice de toute la pensée chinoise. Les confucéens prônent une sagesse de l'ordre, ils font du ciel le modèle parfait de la vie. Au ciel, tout est parfaitement ordonné et prévisible. Par exemple, on peut savoir précisément à quelle heure se lèvera le soleil dans dix mille ans ou quand des comètes passeront. Confucius propose de construire une cité terrestre sur le modèle de la cité céleste. L'empereur devient le fils du ciel, les lois essentielles sont la vertu intérieure et l'obéissance.

Le taoïsme rétorque que cela ne marche pas sur terre, et que l'on vit sur terre, pas au ciel. On peut certes prévoir quand le soleil se lèvera dans dix mille ans, mais pas le temps qu'il fera demain matin. Sur terre, rien n'est prévisible. Le Bouddha l'avait dit bien avant dans ses quatre nobles vérités : «Tout est impermanent.» On ne peut pas savoir ce qui va se passer. On vit dans le chaos. De ce chaos peuvent naître des ordres provisoires, mais ils ne sont que provisoires. Il faut donc s'habituer à vivre dans le mouvement permanent du monde et de la vie.

Selon le taoïsme, les principales qualités pour vivre dans la joie sont la flexibilité, la souplesse et la capacité de se remettre tout le temps en question en accompagnant le mouvement permanent de la vie.

Cela m'a apporté une grande lumière. Je le vivais déjà en partie, mais il y a toujours de petites choses auxquelles on reste accroché, un projet, une croyance, alors que la vie nous emmène ailleurs. Cette philosophie enseigne que lorsque la vie nous place face à un obstacle, face à un courant contraire, nous ne devons pas lutter, mais accompagner le courant. Tchouang-tseu explique ainsi que si nous voulons traverser un fleuve et qu'un courant nous en empêche, il ne faut pas chercher à tout prix à le traverser à la force de nos bras, nous risquons de nous noyer. Il s'agit au contraire de suivre le courant, de faire la planche, et l'on verra bien où le courant nous emmènera... Il est probable que si nous maintenons notre intention de traverser le fleuve et qu'elle est juste, à un moment, le courant nous permettra d'y parvenir, mais nous ne savons ni quand ni où! Il faut évidemment avoir une grande confiance dans la vie pour être capable de cela.

Ce lâcher-prise qu'enseigne le taoïsme m'accompagne au quotidien. La vie a de l'humour et, lorsque je rédigeais *Du bonheur, un voyage philosophique*, j'ai effacé par mégarde le chapitre sur Tchouang-tseu et le lâcher-prise en voulant le sauvegarder sur mon ordinateur. Pendant trois secondes, je me suis dit: «Ou je pète les plombs, ou j'essaie de mettre en pratique ce que j'ai écrit dans ce chapitre.»

Alors, j'ai essayé de mettre en pratique ce que j'écrivais, et j'ai dit: «OK, j'ai perdu trois semaines de travail, mais ce n'est pas grave.» Il s'est alors passé quelque chose d'incroyable: j'étais dans la joie. J'ai eu un fou rire, une joie euphorique. J'ai vraiment vécu la joie à travers l'acceptation de ce qui est. Dire oui à la vie.

Ces qualités de confiance dans la vie et de flexibilité permettent d'accompagner le courant de la vie plutôt que de vouloir forcer les choses. C'est pour cela que les taoïstes disent qu'il faut être dans le non-agir. Le non-agir, ce n'est pas ne rien faire. C'est ne pas forcer les choses.

Si nous rencontrons un obstacle, le taoïsme nous recommande de nous interroger sur ce que cet obstacle signifie. Par exemple, lorsque nous tombons malades, au lieu de nous lamenter ou de nous laisser abattre, demandons-nous : «Qu'est-ce que mon corps me dit ? Qu'est-ce qui ne va pas dans ma vie ? Que puis-je en apprendre ?» Tous les échecs, toutes les difficultés, tous les obstacles peuvent nous éclairer, nous transmettre un message, nous aider à grandir et à changer. À changer de travail peut-être, à nous remettre en question dans tel ou tel domaine.

Après quarante ans de réflexion intellectuelle sur ce mystère insondable qu'est la vie, plus j'avance sur le chemin, plus j'aime à découvrir du sens dans ce que l'on traverse. Évidemment, chacun donne un sens à sa vie selon ce qu'il est, ses motivations, son caractère, sa personnalité, ce qu'il traverse. Existe-t-il pour autant un sens universel valable pour tout le monde, et qu'il faudrait transmettre ? Pour moi, ce serait passer de la peur à l'amour et de l'inconscience à la conscience. Et en cela, toute transmission qui donne de l'amour et de la conscience améliore l'humanité.

# TROIS RECOMMANDATIONS CONCRÈTES

### Que dit mon corps ?

J'ai compris une chose essentielle concernant la transmission : l'importance de la communication non verbale. Si vous dites une chose, mais que votre corps, votre regard, ce que vous dégagez dit autre chose, c'est cette dernière chose qui marquera sans doute le plus votre interlocuteur. C'est particulièrement vrai avec les enfants et les animaux, qui sont plus sensibles au ressenti qu'aux mots.

### Quelle est ma motivation ?

Toute transmission faite avec amour ou bienveillance est bien plus efficace que si elle est faite avec indifférence, ou bien évidemment avec une dose de malveillance ou un objectif qui n'est pas juste pour l'autre, même de manière inconsciente, ce qui arrive plus souvent qu'on ne l'imagine. Donc, être vigilant à la manière dont on transmet et s'interroger sur nos motivations profondes, pour que la transmission soit le plus juste possible.

### Qui est l'autre ?

Transmettre, ce n'est pas imposer nos vues à l'autre, mais c'est le révéler, l'éveiller, le faire grandir dans ce qu'il a de meilleur. Dans toute transmission individuelle, s'interroger sur ce qu'il est juste de dire, de faire, de montrer, compte tenu de qui est l'autre.

# UNE TRANSMISSION QUI A COMPTÉ

Je n'oublierai jamais cette scène où j'ai vu Mère Teresa, à Calcutta, à qui l'on venait d'amener un bébé trouvé dans une poubelle. Il avait les yeux clos et semblait mort. Elle l'a secoué dans tous les sens, l'a massé en riant, lui a parlé joyeusement et après quelques minutes, le bébé a ouvert les yeux et a souri. Il avait retrouvé le goût de vivre.

# CE QUE JE SOUHAITE TRANSMETTRE

- Je rêve que tous les enfants apprennent à méditer et développent une pensée personnelle grâce à la philosophie. C'est pourquoi j'ai cocréé la Fondation SEVE (Savoir être et vivre ensemble) qui forme les enseignants à la pratique de l'attention et aux ateliers philo. Si tous les enfants du monde méditaient et faisaient de la philo à l'école primaire, le monde changerait en une génération.

- J'ai aussi très à cœur de transmettre une meilleure connaissance et un plus grand respect des animaux, de contribuer à une réflexion sur un nouveau lien entre l'être humain et l'animal.

- J'essaie autour de moi, et à travers mes ouvrages, d'apporter un peu de foi en la vie, d'espérance en l'avenir et d'amour pour tous les êtres sensibles.

# 5

# TRANSMISSION SPIRITUELLE : QUAND LE MESSAGER EST LE MESSAGE

## MATTHIEU RICARD

IIIIIIIIIIIIIIIIIIIIIIIIIIIIIIIIIIIIIIIIIIIIIIIIIIIIIIIIIIIIIIIIIIIIIIIIIIIIIIIIIII

MOINE BOUDDHISTE, PHOTOGRAPHE ET INTERPRÈTE
DU DALAÏ-LAMA, MATTHIEU RICARD SOUTIENT
DE NOMBREUX PROJETS HUMANITAIRES.

IIIIIIIIIIIIIIIIIIIIIIIIIIIIIIIIIIIIIIIIIIIIIIIIIIIIIIIIIIIIIIIIIIIIIIIIIIIIIIIIIII

l y a cinquante ans, je me suis rendu pour la première fois en Inde, à la rencontre de maîtres spirituels qui allaient transformer mon existence. J'aimerais partager avec vous ce que représente pour moi la transmission au regard de cette expérience de vie.

## La transmission par l'exemple

La transmission spirituelle de maître à disciple est au cœur du bouddhisme tibétain ; garante de la vitalité et de l'authenticité de la tradition qui est ainsi perpétuée, elle a également pour objet de conférer aux disciples la permission et la capacité de pratiquer les techniques méditatives. Cette transmission est accompagnée d'explications qui peuvent parfois se prolonger pendant des semaines, voire des années. Des instructions individuelles sont également données par un maître à ses disciples en fonction des besoins et des capacités de chacun. La prise de conscience du rôle essentiel de cette transmission engendre un profond respect envers le maître et tisse de puissants liens spirituels. Un maître véritable montre ainsi au disciple, par la force de l'exemple, ce que ce dernier pourrait lui-même devenir. Le messager devient le message.

Pour ma part, je dois avouer qu'au début, je n'étais pas spécifiquement intéressé par le bouddhisme. Ce qui m'attirait, c'était la qualité d'être de ces maîtres. C'était comme si soudainement je me trouvais en présence de Socrate ou de saint François d'Assise, aujourd'hui, maintenant. Un aspect essentiel de la transmission tient donc aux qualités du maître : son éveil intérieur, sa compassion sans limites, sa sagesse à toute épreuve, son manque total d'intérêt pour les futilités mondaines.

## La cohérence

Dans ma jeunesse, j'ai eu l'opportunité de côtoyer bon nombre de personnalités éminentes. J'ai été quelque peu déconcerté de constater qu'il n'y avait guère de corrélation entre le génie qui leur était propre et le fait d'être un bon être humain. Le fait qu'ils soient philosophes, scientifiques, artistes, jardiniers ou artisans ne semblait donc pas avoir de lien avec le fait d'être bienveillant ou malveillant, heureux ou malheureux. Au plus profond de moi, j'aurais souhaité acquérir les capacités de certains d'entre eux, mais ne pas leur ressembler sur le plan humain.

Il en va tout autrement avec les maîtres spirituels authentiques, comme ceux que j'ai eu la bonne fortune de rencontrer dès 1967 – Kangyour Rinpoché, Dudjom Rinpoché, le XVIᵉ Karmapa, et, quelques années plus tard Dilgo Khyentse Rinpoché, Trulshik Rinpoché et le XIVᵉ dalaï-lama, pour ne citer qu'eux.

Un maître spirituel doit être l'exemple vivant de ce qu'il ou elle enseigne. Il témoigne, par sa

Matthieu Ricard en présence de son maître Dilgo Khyentse Rinpoché en 1982.

manière d'être, de ce qui constitue le point culminant du chemin spirituel. «Faites ce que je dis, ne faites pas ce que je fais» ne saurait avoir cours chez de tels maîtres. Ils doivent être à chaque instant, l'illustration vivante de l'idéal qu'ils enseignent.

Sur le visage de Kangyour Rinpoché, mon premier maître spirituel, se lisaient la paix, la force intérieure, la compassion, la sagesse, qualités de cœur qu'il incarnait totalement. Son épouse était aussi d'une bonté et d'une générosité sans limites.

J'ai passé sept années auprès de lui et treize auprès de Dilgo Khyentse Rinpoché. Pendant toutes ces années – presque vingt-cinq passées dans leur présence et dans la présence de leurs successeurs qui sont mes maîtres aujourd'hui –, je n'ai jamais décelé une pensée, une parole, ou un acte qui soit susceptible de nuire à autrui. On pourrait se dire que c'est normal, mais pour moi, cette cohérence parfaite entre le discours, l'intention et le comportement est éminemment inspirante, et me semble indispensable. Comment considérer comme «maître spirituel» quelqu'un qui se comporte de façon douteuse et, en fin de compte, nuit à autrui? Il n'y a rien de pire en effet que de donner toute sa confiance à quelqu'un qui passe pour «maître» et de découvrir par la suite les défauts dans la cuirasse, voire un derrière de façade peu recommandable. En ce qui me concerne, la cohérence parfaite de mes maîtres, leur sagesse et leur compassion sans limites, ont toujours été pour moi une source de confiance inébranlable.

## La source d'une transformation intérieure

À chaque instant, le maître est celui qui, comme le pôle Nord, oriente votre aiguille dans la bonne direction et vous évite de partir dans des sentiers de traverse. Il montre, par ce qu'il est lui-même, ce qui se trouve au bout du chemin spirituel. Par la force de l'exemple qui se tient devant vous, on comprend alors qu'il est effectivement possible de parcourir une telle trajectoire.

Un maître peut parfois être sévère. Pourquoi ménagerait-il votre ego, cette engeance dont il vous aide à vous débarrasser ? La vie est précieuse et il serait dommage de la dilapider en vain. Pour vous aider à devenir un meilleur être humain, libre de toute confusion mentale, pourquoi le maître traiterait-il votre ego avec des pincettes ?

J'ai la chance d'être l'interprète francophone du dalaï-lama. Quand j'assiste à des audiences, je vois souvent des gens qui entrent dans la pièce, pleins d'eux-mêmes, et qui ressortent les larmes aux yeux, disant parfois : « Qu'est-ce qui m'arrive ? Pourquoi suis-je si ému ? » En quelques moments, le dalaï-lama, quelqu'un d'une simplicité extraordinaire, d'une bonté inconditionnelle, a fait venir le meilleur d'eux-mêmes à la surface. Les paroles de sagesse des maîtres spirituels authentiques et la bienveillance qui émane d'eux déchirent les voiles de la confusion mentale, de l'ignorance.

On dit qu'un disciple est comme un oiseau qui vole autour d'une montagne d'or. Même si ses plumes sont noires comme celles d'un corbeau, on y verra l'or s'y refléter. On dit aussi qu'un disciple est comme une bûche ordinaire tombée dans une forêt de bois de santal. Au fil des années, la bûche s'imprègne de la fragrance du santal.

## L'humilité

Un maître spirituel est une personne qui ne cherche pas à dominer, qui n'a rien à gagner ni à perdre d'avoir un ou deux disciples de plus ou de moins. Il ne recherche aucune autre reconnaissance publique. Il a tout à donner, à partager.

Dilgo Khyentse Rinpoché enseignait à des rois, comme celui du Bhoutan, ou aux plus humbles fermiers et nomades. Il montrait la même disponibilité à l'égard de tous ceux qui venaient le rencontrer et n'hésitait pas à consacrer plusieurs jours à toute personne qui lui faisait la requête d'un enseignement. À la fin de sa vie, lorsque ses forces et sa santé ont commencé à décliner, les quelques personnes qui l'entouraient, dont je faisais partie, ont essayé de limiter le nombre de visiteurs, qui attendaient dès sept heures du matin pour le rencontrer. Quand il l'a su, il nous a sévèrement réprimandés : «Jusqu'à ce que ma tête tombe (c'est-à-dire jusqu'à son dernier souffle), n'empêchez jamais quelqu'un de venir me voir.»

La transmission peut aussi s'effectuer entre deux grands maîtres. On a alors l'impression que deux grands soleils brillent en même temps. Pour ceux qui en sont témoins, c'est aussi une grande leçon d'humilité. J'ai assisté notamment à plusieurs rencontres au cours desquelles Dilgo Khyentse Rinpoché offrait des enseignements au dalaï-lama. À un moment, le texte – qui parlait d'une initiation – disait que le disciple devait prendre le pied du maître et le poser sur sa tête. Dilgo Khyentse Rinpoché, lisant le texte à voix haute, avait intentionnellement sauté cette phrase. Mais le dalaï-lama, qui avait le texte devant lui, l'avait bien lu et dès la fin de l'enseignement, sans rien dire, se leva, s'approcha du siège où Dilgo Khyentse Rinpoché était assis en tailleur et, avant que ce dernier ne réagisse, prit le pied de Khyentse Rinpoché et le posa sur sa tête.

## La transmission selon la tradition tibétaine

Dans la tradition du bouddhisme tibétain, trois types d'enseignements sont dispensés par les maîtres spirituels. Les initiations, ou « transmissions de pouvoir », ont pour objet de donner au disciple la capacité de se livrer à des pratiques méditatives spécifiques. Viennent ensuite les explications détaillées qui permettront au disciple de comprendre clairement ces pratiques et de s'y livrer pendant des mois sans être entravé par des doutes et des hésitations. Ce sont enfin les instructions individuelles, adaptées aux dispositions de chacun. Tout cela n'a de sens que si le maître est doué de toutes les qualifications requises. Écoutons Rabjam Rinpoché parler de sa relation particulière avec son maître :

«Ma première impression de Khyentse Rinpoché a été celle d'un grand-père merveilleusement gentil. Je peux dire qu'il a été mon vrai père et ma vraie mère. Ensuite, à mesure que je grandissais, cette impression s'est transformée en une confiance et un respect profond, puis en une foi inébranlable. Khyentse Rinpoché était devenu mon maître spirituel. Quand j'ai commencé à étudier, je me suis rendu compte qu'il possédait toutes les qualités d'un maître authentique, telles qu'elles sont décrites dans les textes. Après sa mort, sa présence, loin de s'évanouir, est devenue de plus en plus forte. Je suis pleinement conscient de la chance que j'ai eue de rencontrer un tel être. Aujourd'hui, mon seul but est de perpétuer son enseignement et d'accomplir sa vision.»

Dans les collèges philosophiques, des érudits dispensent un aspect plus formel des enseignements sous la forme d'explications de textes sur la philosophie, la logique et les diverses sciences traditionnelles. Dans tous les cas, une transmission ininterrompue au fil des générations est essentielle pour assurer l'authenticité des enseignements.

## Le silence

Un maître spirituel, c'est aussi le silence d'une présence inspirante qui nous invite à découvrir ce potentiel qu'on a en nous, quand bien même on resterait silencieux dans cette présence pendant des heures et des heures.

Ma mère dit souvent que «le silence est la langue de l'avenir». Elle fait allusion au silence des ruminations et des élucubrations vaines qui entretiennent nos tourments. Le silence du moulin à paroles, des bavardages. Le silence des pensées et des actions inutiles qui perpétuent la souffrance.

En Asie, il n'est pas rare que des maîtres enseignent devant des milliers de personnes. Chacun boit les paroles de l'enseignant comme un nectar. Il y a un tel silence qu'on entendrait une mouche voler. Dans d'autres circonstances, le fait d'être seul, en méditation silencieuse, en présence d'un maître, est aussi un puissant vecteur de transmission.

## L'ouverture du cœur

L'amour avec lequel les maîtres prennent soin des disciples crée un lien très fort qui dure de longues années. Décrire un grand maître spirituel est difficile, les mots manquent, et ce qui pourrait sembler être de vastes exagérations reste, en fait, insuffisant.

Auprès de son ou ses maîtres spirituels, on a envie de mêler le petit espace de notre esprit confus au vaste espace de leur éveil et de leur compassion.

Lors d'une conférence à Strasbourg en 2016, le dalaï-lama a dit : « Je vous demande une chose, c'est de vous rendre compte que ce qui compte le plus dans la vie c'est d'avoir bon cœur. » Venant de n'importe qui d'autre, cela pourrait sembler d'une platitude extrême. Mais quand ces paroles viennent d'un cœur immense, l'adéquation entre la personne et ses paroles, elles deviennent soudainement une évidence. En effet, quoi de mieux dans l'existence que d'avoir bon cœur ?

# TROIS RECOMMANDATIONS CONCRÈTES

- Être, *a priori*, toujours bienveillant à l'égard de ceux que l'on rencontre.
- Rester humble, car l'arrogance nous empêche d'apprendre et d'acquérir de nouvelles qualités.
- Rechercher la compagnie d'amis dans le bien et, si possible, de maîtres spirituels authentiques.

# UNE TRANSMISSION QUI A COMPTÉ

Certaines périodes durant lesquelles Dilgo Khyentse Rinpoché fut sévère avec moi, furent essentielles pour révéler, au plus profond de moi-même, tout le chemin qui me restait à parcourir. Ce fut là un enseignement très précieux pour écrabouiller, autant que possible, mon ego récalcitrant et me faire le plus beau des cadeaux, celui de la liberté intérieure. Je ne suis encore qu'un débutant de la première heure, mais j'ai la joie d'avoir saisi quelle était la meilleure direction à donner à ma vie et à mes efforts.

## CE QUE JE SOUHAITE TRANSMETTRE

L'importance de se transformer soi-même pour mieux se mettre au service d'autrui et contribuer à un monde meilleur.

# 6

# CE QUE LES PEUPLES DU BOUT DU MONDE ONT À NOUS TRANSMETTRE

## FRÉDÉRIC LOPEZ

FRÉDÉRIC LOPEZ EST JOURNALISTE, PRODUCTEUR ET ANIMATEUR. SON ÉMISSION *RENDEZ-VOUS EN TERRE INCONNUE* EST L'UN DES PROGRAMMES PRÉFÉRÉS DU PUBLIC FRANCOPHONE.

Transmettre des émotions positives, notamment la bienveillance et la joie, est au cœur de mon métier. Dans les émissions que je produis, je donne la parole à des anonymes comme à des artistes célèbres, à des résilients, à des personnes qui n'ont jamais fréquenté l'école comme à des experts des émotions. Leurs savoirs se rejoignent. Entre des êtres qui vivent en Sibérie et d'autres en Namibie, des points communs se dessinent parfois. Ces hommes et ces femmes qui vivent au bout du monde ont beaucoup à nous apprendre sur nous-mêmes.

Ce que j'aime transmettre, c'est ce que l'on me donne.

Je suis quelqu'un de plutôt optimiste : quoi que l'on vive, on peut rebondir et le meilleur reste à venir. La manière dont beaucoup traversent les épreuves me fascine. Ceux qui parviennent à la résilience partagent cette idée que, même si rien ne le laisse penser, on peut s'en sortir. Notre planète est riche de personnes extraordinaires, de gens créatifs et bienveillants qui mènent des actions positives. Grâce aux bons côtés de la modernité, ils se connectent de plus en plus. Chacun d'entre nous peut devenir un « conspirateur positif[1] » et changer le monde pour un mieux. Pour ma part, j'aime y contribuer en permettant à des personnes qui pourraient s'ignorer, se mépriser ou juste ne pas en avoir l'opportunité, de se rencontrer et de se connaître.

---

1. Quelqu'un qui ose et qui œuvre positivement et concrètement pour le changement, quel que soit son domaine. Voir www.futurs-souhaitables. org/article/savez-vous-parler-ifs.

## Modernité et tradition

Nous avons lancé *Rendez-vous en terre inconnue* il y a dix ans avec un sentiment d'urgence : nous voulions faire connaître les derniers 5 % de la population mondiale qui perpétuent un mode de vie traditionnel, à l'écart de la société de consommation, ceux que l'Onu appelle la « mémoire de l'humanité ». Nous sommes d'ailleurs toujours très attentifs à ne pas dévoiler l'adresse de ceux qui nous accueillent ni même le nom de leur village, à l'exception de Dolma au Zanskar qui avait déjà construit un petit lieu d'accueil lui permettant de payer les études de ses enfants.

Dès le début, notre ligne éditoriale était claire : « ni angélisme ni misérabilisme ». Il n'était pas question de dire qu'en Occident, nous avions tout perdu et qu'ailleurs, tout était merveilleux. Dans nos sociétés, il y a de bonnes choses qui sont moins développées pas là-bas, comme l'accès aux recherches scientifiques ou les mentalités qui deviennent plus tolérantes, par exemple. Et dans ces pays du bout du monde, les traditions n'ont pas que du bon – c'est encore plus violent quand ceux qui s'élèvent contre elles le font de l'intérieur.

La majorité des personnes que nous avons rencontrées – excepté les Korowai – connaissent le monde moderne. Une partie de leur famille vit en ville, ils s'y rendent pour faire des courses. Ce ne sont pas de «bons sauvages», ils n'ignorent rien de la civilisation contemporaine, mais choisissent de vivre autrement, selon un mode de vie traditionnel.

Pour certains, nous les avons revus quelques années après notre première rencontre, et ce fut bouleversant.

### Sissay, contre le mariage forcé

Sissay est l'un des hommes que j'admire le plus sur cette planète. Il vit au nord de l'Éthiopie à 4 000 mètres d'altitude, et comme tous les hommes de sa vallée, il a marié sa fille, promise dès la naissance, alors qu'elle n'avait que 12 ans, ce qui en principe est interdit par la loi. Bien plus tard, alors qu'il avait 43 ans, Sissay a appris à lire et à écrire. Le seul livre qu'il avait chez lui était *Les Droits de l'homme, de la femme et de l'enfant* en petit format illustré. Il a alors réalisé son erreur et a décidé de ne pas marier sa seconde fille, qui avait 16 ans. C'était terrible, il a eu beaucoup d'ennuis : personne ne comprenait, ni sa famille ni ses amis. Il a été rejeté de tous et cette mise à l'écart de la communauté est très violente. Mais il a continué son combat extraordinaire contre le mariage forcé.

Quand nous l'avons revu quelques années après, il nous a confié : «Avant de vous rencontrer, je ne savais pas que j'étais courageux.» L'attention que nous lui avions portée lui avait fait prendre conscience de ce qu'il était, de ce qu'il avait fait et lui avait donné de la force. Aujourd'hui, il est suivi par d'autres.

### Lokomsio, pour l'égalité homme-femme

Lokomsio vit également en Éthiopie, mais au Sud, dans la vallée de l'Omo, dans un contexte très différent de celui de Sissay. Comme dans de nombreux endroits d'Afrique, les femmes travaillent beaucoup plus que les hommes. Nous lui avons posé une question à ce sujet et Lokomsio nous a confié qu'il aidait sa femme en cachette, pour aller chercher l'eau par exemple. Il nous a expliqué qu'il aimait sa femme, qu'elle travaillait beaucoup et que ce n'était pas tolérable pour lui. Sa femme a raconté qu'un autre homme avait été rejeté par la communauté pour avoir fait la même chose et qu'il s'était pendu. Lokomsio est en quelque sorte féministe au péril de sa vie.

### Kirill et la fierté de défendre son mode de vie

Les Nenets de Sibérie sont des nomades qui vivent de l'élevage des rennes et de la pêche. Vêtus de fourrure, ils se déplacent en traîneaux de rennes et vivent dans des tchoums, ces tentes en peau de renne qui abritent toute la famille. Leur territoire se trouve sur l'un des plus grands gisements de gaz au monde. Gazprom, le géant russe du gaz qui exploite ce sous-sol pour alimenter le monde entier, leur verse en contrepartie, par l'administration du Yamal, des subventions pour construire des écoles et créer de l'emploi.

Kirill, notre guide à l'époque, qui vit entre les mondes moderne et traditionnel, nous a raconté qu'il s'était passé quelque chose d'incroyable après notre départ. Les fonctionnaires de cette région ont appris à connaître ce peuple à travers l'émission. Ils n'avaient pas vraiment d'idées de la façon dont vivaient les Nenets, même s'il existe un petit musée dans la capitale, avec des personnages empaillés qui leur ressemblent. L'émission les a aidés à faire entendre leur voix et à défendre leurs droits. Après la diffusion de notre film, les autorités du Yamal ont même payé un voyage en avion à nos amis pour qu'ils aillent montrer le film aux Inuits, qui ne vivent plus dans des igloos, mais dans des baraquements. Ils reçoivent aussi des subventions, mais l'alcool, la drogue, l'oisiveté ont tout balayé de leur mode de vie ancestral. Pendant la projection, les Inuits ont pleuré. À la fin, ils ont dit à Kirill : « C'est incroyable, vous avez réussi à préserver ce que nous n'avons justement pas réussi à sauver. » Cela a donné aux Nenets une grande fierté. Nous en sommes fiers aussi.

### Batbayar, le modèle

Après avoir été nomades des milliers d'années, les Mongols ont été sédentarisés de force lorsque leur territoire a été rattaché à l'Union soviétique. Des bidonvilles de yourtes se sont étendus en périphérie de la capitale, Oulan-Bator, une des villes les plus tristes que j'aie jamais vues. Lorsque l'URSS a éclaté, les subventions ont disparu et la situation est devenue encore plus précaire.

Certains se sont dit : « On va faire comme nos grands-parents et repartir vivre dans la steppe. » Sauf que leurs aînés ne leur avaient pas transmis les moyens d'y parvenir. Déconnectés de leurs racines, ils ne savaient plus vivre selon le mode de vie traditionnel. C'est un peu comme si nous devions partir élever des moutons demain.

Batbayar, pour sa part, a réussi à vivre selon les traditions ancestrales de son peuple. Il incarne le refus de la soumission, démontre qu'il est possible de vivre en quasi-autarcie dans la steppe. Il transmet ses valeurs et rend leur fierté aux Mongols.

Après notre venue, l'émission a été piratée par la télévision mongole et largement diffusée là-bas. Désormais, quand Batbayar se rend à Oulan-Bator, la capitale, il signe des autographes, pour les habitants de la capitale, il est un peu comme Gengis Khan là-bas.

## S'entraider, vivre ensemble

Certains échanges nous interrogent sur ce qu'est devenue notre société, ce que nous en avons fait. C'est plus complexe qu'il n'y paraît, mais peut-être avons-nous perdu des valeurs importantes, comme celle du lien et de l'entraide.

### Kokou et la cohabitation entre générations

Kokou est une jeune Raika et vit en Inde. Un échange avec elle un matin au réveil nous a fait réfléchir à notre relation aux aînés. Dans la pièce, des vieux étaient entourés de plein de petits enfants, tout le monde avait le sourire. J'ai

dit spontanément: «J'adorerais être vieux ici!»
Kokou a demandé: «Ah oui, mais pourquoi,
cela se passe comment chez vous, ils sont où les
vieux?» J'ai laissé mon invité répondre, ce n'était
pas facile d'expliquer à une jeune fille de 20 ans
qui avait une sorte d'innocence que nos vieux se
retrouvaient souvent placés dans des maisons à
part, parce que nous étions pris par nos habitudes
et des rythmes de vie effrénés et que nous n'avions
pas le temps de nous en occuper. Mon invité, qui
était honnête, a expliqué la situation, mais a ajouté
comme une blague qui laisse transparaître la complexité de la situation: «Mais franchement à mon
âge, je n'aimerais pas vivre avec mes parents tous
les jours: ils restent des parents, ils peuvent être
casse-pieds.»

### Barkaï et Adoum, les «amis-frères»

La rencontre avec Barkaï et Adoum en plein
désert du Sahara, au Tchad, a été extraordinaire.
J'étais frappé par le vide absolu: pas une personne,
pas un brin d'herbe à la ronde. Adoum, lui, m'a
dit: «Tu vois, nous, ici, on ne se sent jamais seul.»
Quand on pense à tous ceux qui se sentent isolés
dans notre monde occidental pourtant si connecté,
c'est un sacré contraste. Les nomades apprennent

Frédéric Lopez au Tchad,
entouré de Barkaï et Adoum,
les « amis-frères ».

dès l'enfance qu'on ne peut pas survivre seul dans le désert. Quand Adoum me présente Barkaï comme son «ami-frère», je me tourne vers l'interprète, pensant à un problème de traduction, je ne perçois pas si le frère d'Adoum est devenu son ami ou si c'est l'inverse. À la fin, je comprends qu'il s'agit d'un lien du même ordre que celui d'un mariage arrangé : à leur naissance, il a été décidé par leurs familles respectives qu'ils devraient compter l'un sur l'autre, quoi qu'il arrive. Adoum m'explique que si Barkaï ne lui demande pas d'aide lorsqu'il en aura besoin, cela le blessera. Il sera vexé que son ami ne lui demande pas d'aide. À méditer, nous qui avons tant de mal à oser demander de l'aide quand nous en avons besoin.

### Dolma et la solidarité

Une autre rencontre m'a beaucoup marqué : Dolma, une jeune mère de famille Zanskarpa qui vit au nord de l'Inde. Nous l'aidions à ramasser l'orge destinée à nourrir toute sa famille pendant l'hiver. Là-bas, au cœur de l'Himalaya, ils passent six mois coupés du monde, prisonniers de la glace. Je demande à Dolma, dont le sourire me déconcerte, ce qu'ils font pendant cette période. Elle me répond : «Oh, on reste à l'intérieur, on chante, on danse.» Étonné de sa réponse et inquiet, je lui demande ce qu'il se passe si le stock de graines s'épuise trop vite. Dolma me répond avec une simplicité déconcertante : « On demande aux voisins. » C'est juste naturel pour elle, pas besoin d'évoquer la solidarité ou d'autres concepts théoriques, la réalité montre le chemin.

## La sobriété heureuse

On pourrait avoir la sensation, quand on voit à l'écran ces peuples qui vivent en dehors de notre société, qu'ils sont plus heureux que nous. Je ne dirais pas cela, ce n'est pas aussi simple, mais il est certain qu'ils rient plus que nous.

### La survie du groupe

J'ai reçu dans l'Himalaya une autre leçon de vie incroyable. Là-bas, pendant l'été, les jeunes filles gardent les yaks de tous les villageois. Elles sont cinq, aux alentours de 20 ans, elles n'ont jamais été à l'école. Toute la journée, elles courent après les yaks et rient tout le temps.

Sans vraiment m'attendre à une réponse, je dis, comme une invitation à méditer : « Comment vous faites pour rire tout le temps ? C'est incroyable !

C'est quoi votre secret ? » L'une d'entre elles prend la parole : « C'est simple, quand l'une d'entre nous se confie à moi à propos de l'une d'entre nous, je ne le répète pas. » Imaginez un peu comme nos relations aux autres seraient différentes si nous faisions de même. Chez nous, tout le monde croit normal de rapporter : « Tu sais ce qu'untel m'a dit sur toi ? » Ce sont souvent ces paroles qui sèment la discorde. Dans mes équipes, si l'on vient me raconter un truc sur quelqu'un d'autre, il passe un mauvais quart d'heure : pas question qu'on se marre dans l'Himalaya et pas en France.

### Chien et le sourire

C'était au Vietnam chez les Lolos noirs, un peuple qui affiche un sourire permanent, ce qui est assez déconcertant quand on vit à Paris. Mon invité Frédéric Michalak, une belle personne dotée d'une grande authenticité, échange avec Chien sur les tâches agricoles ardues effectuées le matin :

– Qu'est-ce qu'on en bave, et pourtant vous, vous souriez tout le temps !

– Mais pourquoi, chez vous, vous ne souriez pas ?

– Si, mais beaucoup moins.

– C'est bizarre, pourtant vous avez plus de choses que nous, dit Chien.

– C'est vrai...

### Ganbat et le silence

Ganbat était notre hôte chez les Tsaatans de Mongolie, ces éleveurs nomades qui transhument à dos de renne dans la Taïga. Notre tâche consistait à faire fuir les loups, prédateurs de leurs troupeaux. À Paris, l'une des phrases que je dis le plus est : « Bon, je vais y aller », parce que je suis toujours pressé, parce que je pense toujours à ce que je dois faire après. C'est le drame de ma vie. Mais là, je ne suis pas dans l'urgence. Nous allumons un énorme feu et nous nous installons autour.

Ganbat dit : « On n'est pas bien là ? » Je réponds : « Oui. » Il voit bien que je suis un peu coincé et il m'encourage à m'allonger dans la neige, près du feu : « Vas-y, mets-toi bien. » Ce que je fais. Nous sommes dans la taïga, il y a des arbres à perte de vue : « C'est quoi le bonheur ? », me lance-t-il. Je reste interdit, il a été à l'école jusqu'à 14 ans, il s'est enfui parce qu'on le maltraitait... Évidemment, je ne réponds pas, j'ai trop peur de dire une bêtise. Mais lui reprend : « Moi, je sais que mes enfants ont tout. » Précisons qu'ils sont nomades et se déplacent

Dans la taïga, il y a des arbres à perte de vue : « C'est quoi le bonheur ? », me lance-t-il. Je reste interdit, il a été à l'école jusqu'à 14 ans, il s'est enfui parce qu'on le maltraitait… Je ne réponds pas, j'ai trop peur de dire une bêtise.

|||||||||||||||||||

tous les cinq-sept jours à dos de renne : ils n'ont donc pas grand-chose comparé à une famille française qui possède en moyenne 37 000 objets.

Ganbat se tourne vers moi : « Franchement, de quoi on a besoin ? » On est au cœur du sujet. Je ne dis toujours rien, mais notre langage corporel est extraordinaire et Ganbat parle spontanément, sans me faire la leçon, il semble juste content que je l'écoute. « Moi, ce que j'adore, c'est partir pendant un mois à la chasse, avec juste un renne, une théière et un fusil. » Il répète : « Pour mes enfants, je sais que tout va bien, ils ont tout ce dont ils ont besoin. » Puis, il jette son bonnet, ouvre sa veste – il fait pourtant très froid – et pousse un : « Aaaah » de contentement avant de me lancer un dicton mongol : « L'homme n'est jamais aussi bien qu'au milieu de la forêt, seul. »

## Les émotions sont contagieuses

Dans chaque émission, j'aime transmettre ce que nous avons appris sur nous-mêmes lors de ces rencontres inédites. Que faire seul de toute cette richesse ? C'est beaucoup pour notre petite équipe, heureusement, nous la partageons avec des millions de téléspectateurs.

Les émotions sont contagieuses et en ce moment en France, de toutes les émotions universelles c'est la peur qui est omniprésente. Je pense que la joie peut nous aider à lutter contre la peur, c'est ce que j'essaie de faire tous les jours, même si ce n'est pas facile. Je me demande tous les jours s'il y a de la joie dans ma vie. Et je sais qu'il n'y en a pas quand on se compare, quand on est stressé, quand on n'a pas de lien harmonieux avec les autres, quand personne ne nous touche physiquement... Je fais très attention à cela. Les héros de *Rendez-vous en terre inconnue* m'ont marqué pour toujours.

# TROIS RECOMMANDATIONS CONCRÈTES

Si je devais retenir et transmettre trois choses apprises en *Terre inconnue* :
- Nous ne sommes rien sans les autres.
- Si quelqu'un nous dit quelque chose de désagréable sur quelqu'un d'autre, surtout ne pas le répéter.
- Le sourire provoque le meilleur chez tous ceux que l'on croise.

# DEUX TRANSMISSIONS QUI ONT COMPTÉ

**Une cure de solitude**

Au retour de notre rencontre avec Ganbat, j'ai fait une sorte de surmenage.

J'étais en suractivité, connecté aux autres sans interruption. Je ne m'en rendais pas compte. Je m'entendais tellement bien avec tout le monde que j'en avais oublié d'être seul. Ou j'en avais peur, pour mille raisons. Alors j'ai décidé de partir en forêt. J'ai fait ce que Ganbat avait recommandé et je suis parti en Corse. J'ai compris qu'il fallait prendre le temps de la solitude pour consulter ma petite météo intérieure[2]. Je suis parti à la rencontre du silence pendant quatre jours. Ganbat m'a vraiment aidé, il m'a appris à vivre le silence et je lui en suis extrêmement reconnaissant.

## Éloge du moment présent

L'instant présent, *Carpe Diem*, c'est une jolie formule, une philosophie, mais comment faire pour vivre dans l'instant présent avec notre cortex préfrontal super développé qui nous promène sans cesse entre passé et avenir ? La méditation

---

2. Exercice que l'on pratique dans le cycle MBSR (Mindfulness-Based Stress Reduction) sous le nom « espace de respiration ».

m'aide énormément. C'était pourtant à l'opposé de moi, qui confondais méditation et lévitation. Plus jeune, je croyais que le monde était divisé en deux : ceux qui avaient un poster de Bouddha dans un petit studio délabré et attendaient que le temps passe et ceux qui vivaient «à fond la caisse». Je n'étais que dans l'action, pas du tout dans la contemplation.

Je ne me sentais pas vraiment concerné, j'avais choisi cette vie à trois cents à l'heure. J'ai commencé à m'effondrer. À l'époque, une amie m'a emmené dans un programme de réduction du stress sans me dire qu'il s'agissait de méditation. J'y ai appris à être plus attentif à ce que l'on appelle «l'expérience du moment». Cela a l'air un peu ésotérique, mais c'est très simple : il s'agit de percevoir à travers nos sens ce qui se traduit en émotions et en pensées. On ne nous l'a jamais appris à l'école, nos parents ne nous l'ont pas transmis, ils ne le savaient sans doute pas, mais c'est profondément lié.

# CE QUE JE SOUHAITE TRANSMETTRE

**Le bonheur des petites joies**

Longtemps, j'ai cru que le bonheur était un état permanent. C'était devenu une quête et, ce faisant, je passais à côté d'un tas de petits moments qui rendent heureux : la satisfaction après un footing ou un moment à la piscine, fêter son anniversaire entouré de gens qu'on aime, partager un repas ou cuisiner pour quelqu'un qu'on aime. La vie, ce n'est qu'une succession de moments. Encore faut-il s'en rendre compte ! S'entraîner à méditer et à être proche de ses émotions permet de ne pas passer à côté des émotions positives. La joie peut être là une multitude de fois durant une journée !

**La météo intérieure**

J'ai découvert que je n'étais pas tellement à l'écoute de mes sensations ni de mes besoins. J'aime beaucoup l'exercice de la météo intérieure. On peut le faire à tout moment : quelques minutes suffisent pour découvrir comment on se sent et être plus à l'écoute de ses besoins. Je me suis rendu compte que je ne savais pas me ressourcer. Je faisais du sport pour me défouler, pour échapper à mes préoccupations. Mais j'ai découvert que j'avais aussi besoin de la nature pour reconstituer mes réserves en intériorité : je pars chaque année randonner, seul ou avec mon fils. J'ai compris que ce n'était pas un truc d'ermite dans sa cabane, mais qu'au contraire alterner action et méditation m'était précieux.

# 7

# UN MONDE PLUS SOLIDAIRE ET DURABLE EN HÉRITAGE

## CAROLINE LESIRE, ILIOS KOTSOU, CHRISTOPHE ANDRÉ

*« Si on veut transmettre quelque chose dans cette vie, c'est par la présence bien plus que par la langue et par la parole. La parole doit venir à certains moments, mais ce qui instruit et ce qui donne, c'est la présence. C'est elle qui est silencieusement agissante. »*
**CHRISTIAN BOBIN**

Oui, Christian Bobin a raison, mille fois raison : nous ne pouvons transmettre que ce en quoi nous croyons, de toutes nos forces ; nous ne pouvons transmettre que ce que nous incarnons, même imparfaitement, par notre présence ; nous ne pouvons transmettre que ce qui nous habite au plus profond de nos idéaux.

## Des racines et des ailes

La tradition peut être vue comme l'héritage par lequel le passé se perpétue dans le présent. C'est le souvenir de ce qui a été auquel s'ajoute le devoir de transmettre. Mais si elle n'est qu'une simple répétition, la tradition peut se révéler dépassée, inadaptée ou même néfaste. Dans le chapitre 6, Frédéric Lopez nous a présenté des personnalités courageuses qui ont osé remettre en cause certaines traditions au contact de transmissions qui leur ont ouvert les yeux (notamment sur les droits des femmes). Les traditions peuvent s'asphyxier de ne pas avoir pu se renouveler, elles peuvent aussi disparaître si elles se dissolvent complètement dans la modernité.

Plutôt que s'enfermer dans une posture exclusive, la transmission a tout à gagner à prendre en compte tant l'altérité et la différence que la fidélité à la tradition et au groupe. Lorsque la transmission est vécue de manière authentique, incarnée, elle invite alors à un rapport de réciprocité qui n'existe que si nous sommes réellement à l'écoute, ouverts à l'autre. Le messager, comme nous le rappelle Matthieu Ricard, fait partie intégrante du message : nous transmettons en premier lieu ce que nous sommes. Ce qui nous amène à reconnaître, aussi, que nous ne sommes pas maîtres du résultat, de ce qui est reçu. Abandonner nos velléités de toute-puissance sur l'autre, c'est créer un espace où nous lui offrons simplement le droit d'être. C'est ce qu'illustre de manière poétique ce texte de Khalil Gibran, à propos des enfants :

*Alors une femme qui tenait un nouveau-né contre son sein dit : « Parle-nous des Enfants. »*
*Et il répondit :*
*« Vos enfants ne sont pas vos enfants.*
*Ils sont les fils et les filles de la Vie qui a soif de vivre encore et encore.*
*Ils voient le jour à travers vous mais non à partir de vous.*
*Et bien qu'ils soient avec vous, ils ne sont pas à vous.*

*Vous pouvez leur donner votre amour, mais non point vos pensées.*
*Car ils ont leurs propres pensées.*
*Vous pouvez accueillir leur corps mais non leurs âmes.*

*Car leurs âmes habitent la demeure de demain que
vous ne pouvez visiter même dans vos rêves.*

*Vous pouvez vous évertuer à leur ressembler, mais
ne tentez pas de les rendre semblables à vous.*

*Car la vie ne va pas en arrière, ni ne s'attarde avec
hier.*

*Vous êtes les arcs par lesquels sont projetés vos
enfants comme des flèches vivantes.*

*L'Archer prend pour ligne de mire le chemin de
l'infini et vous tend de toute Sa puissance pour que Ses
flèches*

*s'élancent avec vélocité et à perte de vue.*

*Et lorsque Sa main vous ploie, que ce soit alors pour
la plus grande joie.*

*Car de même qu'Il aime la flèche qui fend l'air, Il
aime l'arc qui ne tremble pas.* »[1]

## Arroser ce que nous voulons voir pousser

Nous avons vu que transmettre avec justesse
demande de la cohérence. Cette cohérence s'exprime
notamment dans la manière dont nous considérons

1. Khalil Gibran, *Le Prophète*, traduction de Jean-Pierre Dahdah, Éditions du Rocher, 1999, J'ai lu, coll. « Librio Spiritualité », 2017.

les autres, dans ce que nous soulignons et valorisons chez eux. Encourager et féliciter quelqu'un pour un comportement altruiste, prendre l'habitude d'éclairer ses côtés lumineux, fonctionne mieux, à court et long terme, que le chantage.

## Les deux loups

Une légende amérindienne raconte qu'un jeune garçon se trouvait avec son grand-père dans une tente. Au loin, des loups hurlaient. Effrayé, l'enfant vint se réfugier près de son grand-père. Il lui dit :

« Ces loups que tu entends me font penser à ceux que nous avons à l'intérieur de nous.

– Qui sont ces deux loups ? demande l'enfant.

– Le premier, c'est le loup de la générosité, de la solidarité, de la tolérance et de la joie. C'est celui qui nous porte à secourir ceux qui sont en danger ou dans le besoin, qui nous permet de nous remettre en question, d'être généreux et joyeux...

– Et l'autre, grand-père ?

– L'autre, c'est le loup de l'orgueil, des préjugés, du sectarisme, de l'arrogance et de la violence. Bien souvent dans ta vie, comme sous cette belle lune, ces deux loups vont se battre, tu les entendras hurler, cela fera du remue-ménage aussi à l'intérieur.

– Et lequel des deux gagne à la fin, grand-père ?

– Celui que tu nourriras, mon petit. Rappelle-toi que la face lumineuse de l'humanité est toujours présente, y compris dans ces moments de tourments. Il prend alors son petit-fils dans les bras, qui s'apaise et s'endort en souriant. »

Dans le cadre d'une expérience, on récompense des enfants qui ont accompli des actes altruistes soit matériellement (en donnant de l'argent), soit affectivement (remerciements, félicitations). Quand on leur demande pourquoi ils ont agi généreusement, les enfants du premier groupe répondent qu'ils l'ont fait pour la rémunération alors que les autres se disent concernés par le bien-être des autres.

Dans une autre étude, on propose à des enfants de 7 à 11 ans de fabriquer des bricolages pour des enfants hospitalisés. On récompense matériellement une partie d'entre eux (en leur offrant un jeu). Si une deuxième occasion d'aider les enfants hospitalisés se présente, seuls 44 % de ceux qui ont été récompensés sont prêts à aider à nouveau, contre 100 % de ceux qui ne l'ont pas été[2].

---

2. Fabes R.A., Fultz J., Eisenberg N., May-Plumlee T., Christopher F.S. (1989), « Effects of rewards on children's prosocial motivation : A socialization study », *Developmental Psychology*, 25 (4), 509.

Nous ne pouvons transmettre que ce en quoi nous croyons, de toutes nos forces ; nous ne pouvons transmettre que ce que nous incarnons, même imparfaitement, par notre présence.

|||||||||||||||||||||||||||||||||||||||

Les renforcements sociaux qui passent par l'attention positive que nous portons aux comportements désirés agissent sur notre motivation intrinsèque et nous permettent de nous voir comme des personnes généreuses. Par contraste, les renforcements matériels nous font plutôt considérer que nous adoptons certains comportements uniquement pour gagner une récompense ou éviter une punition.

D'où le danger des étiquettes que nous collons ou renforçons chez les autres, quel que soit leur âge. On imagine que les jeunes enfants sont les plus sensibles à ces préjugés, mais on a pu remarquer une tendance identique chez les adultes. Dans le cadre d'une recherche, des enquêteurs ont fait du porte à porte munis d'un questionnaire, et de manière aléatoire, ils notifiaient à certaines personnes : « Vous êtes quelqu'un qui s'intéresse aux autres. » Quelques jours plus tard, ils recevaient un courrier de la Croix-Rouge les invitant à se porter bénévoles. Ceux à qui l'on avait dit qu'ils s'intéressaient aux autres étaient beaucoup plus nombreux à vouloir s'engager[3].

3. Swinyard W.R., Ray M.L. (1979), « Effects of praise and small requests on receptivity to direct mail appeals », *The Journal of Social Psychology*, 108 (2), 177-184.

Cela se marque aussi dans notre manière de traiter les autres en fonction du sexe. Des recherches ont montré que les stéréotypes de genre sont déjà très marqués dans les ouvrages proposés à l'école primaire[4]. Se comporter différemment avec un jeune enfant selon qu'il s'agisse d'un garçon ou d'une fille a un effet sur les messages qu'il reçoit et intègre dans la construction de son identité.

Comment pouvons-nous éclairer, souligner et renforcer le meilleur de l'autre, afin de lui transmettre confiance dans ses qualités ? Porter une attention bienveillante à l'autre est une porte pour que surgisse en lui le meilleur de lui-même, comme nous y invite Christiane Singer dans la citation qui ouvre ce livre. Une des manières est de le « débusquer » en train de faire quelque chose de bien, de beau, de juste (plutôt que de le prendre en défaut, ce que nous faisons de manière plus automatique) et de le remercier, de le valoriser pour cela. « Qu'est-ce qu'une mauvaise herbe ? », questionne Ralph Waldo Emerson, « sinon une plante dont on n'a pas encore découvert la vertu » ?

---

4. Brugeilles C., Cromer S., Panissal N. (2009), « Le sexisme au programme ? », *Travail, genre et sociétés*, 1, 107-129.

## Inventer d'autres modèles
## de transmission

Beaucoup d'auteurs évoquent une crise de la transmission. Un des symptômes en serait, dans un contexte de crise généralisée, la remise en cause des structures traditionnelles d'autorité. Partout le pouvoir est remis en question : la légitimité de l'enseignant, le statut du médecin, la probité des hommes politiques ou encore le modèle très vertical des entreprises classiques.

Absentéisme, burn-out, abstention électorale, comment innover au lieu de se mettre en retrait et, parfois, en souffrance ? Cela nécessite sans doute de questionner les modes habituels de transmission.

### Pleine conscience et médecine

Face à un monde médical encore très vertical, une partie d'entre nous ne se retrouve plus dans le modèle de relation entre le médecin qui saurait mieux que nous et le patient passif. Aujourd'hui, bien plus informés (et parfois mal ou désinformés) nous désirons être partie prenante, acteurs de notre santé. Le recours aux médecines complémentaires où l'on se sent davantage partenaire du praticien en est peut-être une des manifestations les plus visibles. À titre d'exemple, la méditation de pleine conscience peut être vue comme une manière alternative et participative de prendre soin de soi, où les participants et l'instructeur sont dans un rapport d'équivalence. Dans l'entraînement à la pleine conscience, tout le monde s'assied en cercle (il n'y a pas de place prééminente) et l'instructeur pratique tous les exercices en même temps qu'il les propose aux participants.

### Pour une démocratie vivante

La crise de confiance dans le monde politique pourrait ouvrir la voie à une plus grande créativité, à une participation plus active dans le chef des citoyens. Pensons à l'idée du tirage au sort pour une partie des assemblées qui nous représentent, ou de l'écriture de lois ou même de la rédaction de la Constitution de manière coopérative. Le cas de l'Islande montre que la société civile peut se mobiliser pour réfléchir à l'avenir du pays de manière participative. Une élection nationale a permis d'élire des constituants chargés de réécrire la Constitution et un forum participatif représentatif de la population a été mis en place pour les soutenir[5]. Dans

---

5. Gagnon É. (2016), *Penser la démocratie participative aujourd'hui : l'expérience islandaise*, mémoire de thèse.

cette forme de démocratie réellement inclusive, le mouvement de la transmission se fait autant des citoyens vers les institutions et donc la culture, normes et valeurs du pays, que dans l'autre sens.

### Dans le monde de l'entreprise

En réponse à l'autoritarisme, au paternalisme ou à la déshumanisation croissante, de nouveaux modèles apparaissent, qui valorisent l'intelligence collective, la coopération, l'auto-organisation, et la prise en compte des individus avec toutes leurs facettes.

Plutôt que de perpétuer une conception du monde, et des organisations, basées sur la rareté, la peur et le contrôle, ces modèles sont basés sur l'abondance et la confiance. Par contraste avec des modèles plus mécanistes et rigides, ils sont basés sur la pensée systémique et s'inspirent de l'organisation du vivant[6]. Ce qui résulte en des pratiques organisationnelles plus cohérentes, par exemple consulter les personnes avant de prendre une décision qui les concerne, ou encore mettre en place des processus et espaces d'échanges et de partage pour prévenir et dénouer les conflits. La raison d'être de l'entreprise, ses valeurs, prennent le pas sur les questions de pouvoir.

6. Laloux F. (2015), *Reinventing Organizations : vers des communautés de travail inspirées*, Diateino.

## Un monde en réseau

L'intelligence collective bouscule profondément le sens traditionnel de la transmission. Dans l'enseignement classique par exemple, nous sommes face à un «sachant», un «expert» qui, unilatéralement, transmet un savoir à des apprenants. À l'extrême, cette approche ne tient compte ni du mode de fonctionnement, ni des acquis ou du potentiel de sagesse et de connaissance du public concerné. Elle favorise une forme de passivité et même de désengagement des apprenants, c'est entre autres ce qui a incité Céline Alvarez à mener son expérience à Gennevilliers, dont il est question au chapitre 3.

L'intelligence collective part d'un autre paradigme : toute personne détient un savoir et des compétences propres. Ces ressources mises ensemble produiront une réponse collective utile pour chacun et pour tous qui peut être bien plus riche que la simple somme des individualités. Cela impacte radicalement la posture de «l'expert», nous ne sommes plus face à une personne qui sait, mais au sein d'un réseau. La transmission s'établit alors dans tous les sens : chaque partie du réseau, interconnectée avec le reste, influence la totalité. Le facilitateur est là pour guider les échanges et gérer la dynamique du groupe, pour questionner et permettre le

« Le passeur est celui qui sait qu'il est second, et non premier, et qu'il a reçu une mémoire énorme. Il sait également qu'il n'est pas le dernier et qu'il doit transmettre. »

**ARMAND ABÉCASSIS**

cheminement de la réflexion. Et lorsqu'il partage des contenus et modèles, les participants sont mis au cœur de l'apprentissage, dans une posture active et collaborative.

Cette approche de la transmission implique de faire confiance dans le potentiel et l'autonomie de chacun et de valoriser les différences en favorisant le partage d'idées, vues comme autant de facteurs d'enrichissement.

Au lieu d'une crise de la transmission, nous préférons voir une transformation. Un passage d'un certain mode de transmission, qui rime avec autorité et pouvoir, à de nouveaux modèles fondés davantage sur la transversalité, la coopération, la bienveillance, l'auto-organisation, la prise en compte de la complexité et l'intelligence collective. D'un pouvoir exercé sur l'autre, on passe à une organisation au service des autres.

### Incarner l'ouverture

La méditation, comme pratique de présence attentive et bienveillante, nous semble très complémentaire à l'intelligence collective pour nourrir ce processus de transmission. Car la transmission est avant tout une question de présence, comme le dit si bien Christian Bobin en début de chapitre. En nous entraînant régulièrement à accueillir nos vulnérabilités et à en prendre soin, cette pratique nous apprend à adopter une attitude de « témoin » éclairé et bienveillant de nos propres fonctionnements. Et cela nous rend plus ouverts et tolérants, et également plus lucides sur ce que nous transmettons. Ce processus nous aide aussi à incarner plus pleinement ce que nous voulons transmettre, et à être donc plus cohérents. Cette présence est en effet un gage de cohérence pour pouvoir transmettre et semer autour de nous la douceur et l'amour, la lucidité et la connaissance de soi, comme nous y invite Frédéric Lenoir au chapitre 4.

## La méditation comme processus de transmission selon Edel Maex[7]

Souvent, les gens me demandent : « Comment puis-je transmettre ce que je n'ai jamais reçu ? » Si, par exemple, on n'a pas ou peu été respecté dans sa jeunesse, comment ce sentiment de respect peut-il naître en nous, sans doute n'est-il pas naturel. On peut commencer en méditant et en se donnant alors du respect à soi-même. Si vous trouvez qu'il y a trop peu

---

7. D'après le texte de Edel Maex publié sur *Leven in de maalstrom*, www.levenindemaalstroom.be/nl/blog/wat-transmissie.

de respect, de douceur, d'amour, de bienveillance dans le monde, je vous propose d'en amener en vous-même.

« Mais si je ne l'ai jamais expérimenté, comment est-ce que je sais ce que sont le respect, la douceur, l'amour et la bienveillance ? » Dans nos désirs, nous savons comment nous voulons être traités. Prenez donc vos propres désirs comme points de départ. Comment voulez-vous être traités ?

Nous pouvons y ajouter trois questions :

• **Voulons-nous imposer notre vérité ou sommes-nous prêts à écouter ?** Durant la méditation, nous arrêtons de savoir, nous arrêtons de vouloir avoir raison et notre attention est ouverte à l'expérience.

• **Semons-nous la crainte ou favorisons-nous la confiance ?** Le seul remède contre la peur est de rencontrer sa peur. Pendant la méditation, nous nous asseyons et nous regardons ce qui se présente, que cela soit facile ou non, aussi ce qui nous fait peur. C'est à partir de là que peut grandir la confiance.

• **Donnons-nous le droit à l'autre d'exister en tant qu'autre ou doit-il correspondre à l'image que nous avons de lui ?** Rassurez-vous : ce qui se présente lors de la méditation ne correspondra ni à cette image, ni à vos attentes. Nous donnons alors le droit d'exister à ce qui se présente.

De cette manière, la méditation devient aussi un exercice d'attitude, un exercice de respect, de douceur, d'amour, de compassion,... Tout ce que vous y cultiverez, vous pourrez le transmettre. Viendra alors peut-être un moment où vous rencontrerez quelqu'un dans la rue et vous lui sourirez, et l'autre se sentira bien, sans même savoir pourquoi. Cela, c'est la transmission à l'œuvre.

## Gratitude et engagement

«Pourquoi devrais-je me préoccuper des générations futures? Qu'ont-elles fait pour moi?», demandait avec son humour caractéristique Groucho Marx.

Nous faisons tous partie du même écosystème, d'un tout qu'on peut appeler le vivant. Nous ne sommes donc pas séparés, mais nous trouvons chacun au cœur d'un immense réseau de connexions et d'interactions. Nos comportements, même les plus insignifiants, impactent le réseau dont ils font partie. Pensons à ce proverbe amérindien qui nous dit que «nous n'héritons pas la terre de nos parents, nous l'empruntons à nos enfants». Chacune de nos transmissions produit un effet, ce qui nous confère *de facto* une responsabilité. La responsabilité de nos comportements et de leurs conséquences, pour nos enfants, les gens que nous aimons, les personnes avec qui nous travaillons, celles que nous rencontrons par hasard…

Reconnaître que nous sommes tous liés, interdépendants, nous ouvre aussi à la gratitude, ce sentiment de reconnaissance par rapport à ce que nous recevons et avons reçu. Chaque fois que nous transmettons quelque chose à quelqu'un, nous redonnons, dans l'éducation, dans l'affection, dans la bienveillance. La plupart du temps, si nous pouvons donner tout cela, c'est parce qu'à un moment donné de notre histoire, nous avons été nourris. Mais ce n'est pas la seule condition. Même sans ce substrat affectif, nous sommes capables de résilier. En prenant soin de nos blessures, il est possible de transmettre des schémas différents et de propager l'amour.

Cette émotion est un enjeu important de la transmission : un peu comme un apport de vitamine D active notre système immunitaire et protège notre corps, la gratitude peut être vue comme un boost relationnel qui maintient des relations saines[8].

---

8. Yoshimura S. M., Berzins K. (2017), « Grateful experiences and expressions : The role of gratitude expressions in the link between gratitude experiences and well-being », *Review of Communication*, 17 (2), 106-118.

C'est aussi en cela que l'exercice de la lettre de gratitude, proposé page 227, a du bon.

Transmettre avec bienveillance, dans un esprit de coopération et de solidarité, est une manière de renforcer ce qui nous lie : celui qui transmet sait qu'il fait partie d'une communauté d'humains, qu'il appartient à la grande famille du vivant de laquelle chacun peut alors naturellement prendre soin.

# TROIS RECOMMANDATIONS CONCRÈTES

- Se porter garant et s'engager pour un environnement qui favorise le respect et les comportements positifs. En participant, par exemple, à garder les espaces publics (et nos espaces intérieurs) plus propres, en offrant des sourires autour de nous.

- Essayer de décoller les étiquettes que nous collons aussi bien aux autres qu'à nous-mêmes. Au lieu de nous centrer sur ce que je n'apprécie pas chez l'autre, souligner le meilleur chez chacun et l'éclairer. Et découvrir ce que chacune et chacun a à transmettre, au-delà des apparences.

- Nous exposer à des exemples, modèles, histoires inspirantes, que ce soit par la lecture, les rencontres et les partager autour de nous.

# CAROLINE LESIRE – UNE TRANSMISSION QUI A COMPTÉ

C'est sans aucun doute la naissance de ma fille. On entend parfois qu'accoucher, c'est donner la vie. Pour ma part, je l'ai vécu comme un rite de passage, un moment de partage où la vie se donne, se révèle à nous dans toutes ses dimensions, tantôt si fragile, tantôt si incroyablement puissante. Et où l'on reçoit beaucoup, particulièrement quand on a la chance, comme je l'ai eue, de pouvoir choisir – le moment pour devenir maman, le type de suivi, le lieu et les personnes pour nous accompagner – et de vivre cette naissance en sécurité, entourée de bienveillance et de confiance.

J'ai beaucoup de gratitude envers celles et ceux qui ont lutté, ceux qui s'impliquent au quotidien pour que l'on respecte, protège et fasse davantage confiance aux femmes et au processus naturel de la naissance : Simone Veil,

Frédéric Leboyer, Martin Winckler, Nancy Bardacke et tant d'autres.

Mais leur œuvre est loin d'être terminée. Dans de trop nombreux coins du monde, donner la vie c'est risquer de la perdre ou de transmettre un avenir incertain à ses enfants, faute de moyens ou de soins adéquats. Semer plus de présence dans le monde de la naissance me semble essentiel et je tente d'y participer à mon niveau.

# ILIOS KOTSOU – UNE TRANSMISSION QUI A COMPTÉ

Les livres ont été et sont un vecteur de transmission très important pour moi. Aussi loin que je m'en souvienne, j'ai toujours adoré les contes et les histoires. Enfant, quand il était l'heure de dormir, je me cachais sous la couverture avec ma lampe de poche et dévorais les voyages imaginaires de Jules Verne et les légendes arthuriennes de Chrétien de Troyes. Ces histoires ont nourri ma vie intérieure et ma créativité et m'ont transmis le goût de l'aventure, l'idée des multiples possibilités que recèle la vie et des valeurs comme l'amitié, par exemple.

Aujourd'hui, j'aime toujours autant lire et écouter des histoires, mais je passe aussi beaucoup de temps à en raconter. Dans mes conférences, par exemple, pour leur côté imagé et vivant et parce qu'elles permettent de transmettre l'essentiel en évitant les pièges de la moralisation ou de l'intellectualisation à outrance. Et à ma fille, évidemment, pour notre immense plaisir à tous les deux!

# CHRISTOPHE ANDRÉ – UNE TRANSMISSION QUI A COMPTÉ

Beaucoup de transmissions ont marqué ma vie. Il y a un exemple dont j'aime bien parler, c'est celui de ma grand-mère: au fur et à mesure que sa vie s'approchait de son terme, alors qu'elle vieillissait et sentait la mort venir, elle redonnait tout. Chaque fois qu'on allait la voir, qu'on lui apportait des petits cadeaux, des objets, des bonbons, des chocolats elle était très contente, sincèrement. Puis, deux jours après, on revoyait le cadeau, la boîte de chocolats, chez un frère, un cousin. « Mais je l'ai offert il y a trois jours à mamie ! Oui, je sais, mais tu la connais, elle me l'a redonné. » Elle redonnait tout parce qu'elle avait tout compris. Elle avait compris que ce n'était pas la peine qu'elle s'encombre de tout un tas de choses et, plus ça allait, plus elle redonnait. Elle donnait, elle s'allégeait matériellement, mais elle captait l'essentiel : quand on lui offrait un cadeau, elle voyait l'amour qu'il y avait derrière le cadeau, puis quand elle avait savouré cet amour, l'objet en lui-même n'était plus important et elle en profitait pour redonner à son tour à quelqu'un d'autre, au travers de l'objet, un peu d'amour et d'attention. Le recyclage de l'amour, une belle façon de vivre la transmission, non ?

# CE QUE NOUS SOUHAITONS TRANSMETTRE

**Prendre soin de soi pour prendre soin du monde**

À travers les activités d'Émergences, il nous tient à cœur de transmettre le fait que chacun et chacune d'entre nous possède et peut cultiver et se connecter à un espace intérieur de sérénité, de paix et de douceur en cultivant la présence. Et que cette présence participe à un monde plus pacifique et bienveillant.

**Élargir la vue :**
**pour un optimisme réaliste**

Nous croisons beaucoup de personnes préoccupées, voire découragées par l'état de la planète et de la société. Avez-vous déjà surpris, lors d'une balade en ville ou en bord de mer, une petite plante poussant au milieu du béton ? L'optimisme se cultive en choisissant de porter son attention, donc d'investir son énergie, dans ce que nous voulons voir advenir. L'optiréalisme[9] et une alliance entre optimisme et lucidité. Il nous permet d'agir pour le mieux, de la manière la plus efficace possible, avec les moyens que nous avons à notre disposition. C'est une invitation à regarder la face lumineuse du monde et à nous concentrer sur ce que nous pouvons faire, à notre échelle, pour encore davantage la faire grandir. Et cette attitude d'espoir (re) donne confiance

## Nous avons tous quelque chose à apporter au monde

Dans notre société où la comparaison et la compétition sont très fortes, certains se sentent incompris, exclus ou même incapables. Nous aimerions transmettre notre conviction que, qui que nous soyons, et, quel que soit notre passé, nous avons quelque chose à apporter aux autres et au monde. Qu'il est possible de (re) trouver du sens à notre existence et de le cultiver

9. Lecomte J. (2017), *Le monde va beaucoup mieux que vous ne le croyez !*, Les Arènes.

au quotidien ! Qu'une source de joie sans aucune raison, sans condition existe au cœur de chacune et chacun et que nous pouvons nous y reconnecter et y trouver la paix.

Ce que nous essayons de transmettre, au fond, c'est ce dont nous avons tous besoin : de l'attention, de la bienveillance, de la compassion, de l'amour et de la solidarité. On y arrive plus ou moins bien selon les jours car on transmet évidemment moins bien si l'on est préoccupé, soucieux, inquiet.

Mais quand cela fonctionne, quelle joie de se coucher avec l'impression d'avoir fait circuler de bonnes ondes dans le petit monde d'humanité que nous avons fréquenté.

Neten Chokling Rinpoche faisant
un mudra symbolisant la transmission
(mise en mouvement de la roue de la loi).

# NEUF GRANDS TEXTES SUR LA TRANSMISSION

# LA TRANSMISSION COMME ART D'ACCOUCHER LES ESPRITS

## Platon

### (vers 427 avant J.-C.- vers 347 avant J.-C.)

*Pour Socrate, un maître n'en sait pas plus que son disciple mais il lui transmet la capacité de trouver en lui-même la vérité. De sorte que le disciple devient son propre maître, par l'intercession de la maïeutique, cet art d'accoucher les esprits.*

SOCRATE

Tu éprouves, mon cher Théétète, les douleurs de l'enfantement. En vérité, ton âme est grosse.

THÉÉTÈTE

Je n'en sais rien, Socrate ; mais je t'ai dit tout ce qui se passe en moi.

SOCRATE

Peut-être ignores-tu encore, pauvre innocent, que je suis fils d'une sage-femme habile et renommée, de Phénarète ?

THÉÉTÈTE

Je l'ai ouï-dire.

SOCRATE

T'a-t-on dit aussi que j'exerce la même profession ?

THÉÉTÈTE

Jamais.

[...]

SOCRATE

Eh bien, le métier que je pratique est en tous points le même, à cela près que j'aide à la délivrance des hommes, et non pas des femmes, et que je soigne, non les corps, mais les âmes en mal d'enfant. Mais ce qu'il y a de plus admirable dans mon art, c'est qu'il peut discerner si l'âme d'un jeune homme va produire un être chimérique, ou porter un fruit véritable. J'ai d'ailleurs cela de commun avec les sages-femmes, que par moi-même je n'enfante rien, en fait de sagesse ; et quant au reproche que m'ont fait bien des gens, que je suis toujours disposé à interroger les autres, et que jamais moi-même je ne réponds à rien, parce que je ne sais jamais rien de bon à répondre, ce reproche n'est pas sans fondement. La raison en est que le dieu me fait une loi d'aider les autres à produire, et m'empêche de rien produire moi-même. De là vient que je ne puis compter pour un sage, et que je n'ai rien à montrer qui soit une production de mon âme ; au lieu que ceux qui m'approchent, fort ignorants d'abord pour la plupart, font, si le dieu les assiste, à mesure qu'ils me fréquentent, des progrès merveilleux qui les étonnent ainsi que les autres. Ce qu'il y a de sûr, c'est qu'ils n'ont jamais rien appris de moi ; mais ils trouvent d'eux-mêmes et en eux-mêmes toutes sortes de belles choses dont ils se mettent en possession ; et le dieu et moi, nous n'avons fait auprès d'eux qu'un service de sage-femme. La preuve de tout ceci est que plusieurs qui ignoraient ce mystère et s'attribuaient à eux-mêmes leur avancement, m'ayant quitté plus tôt qu'il ne fallait, soit par mépris pour ma personne, soit à l'instigation d'autrui, ont depuis avorté dans toutes leurs productions, à cause des mauvaises liaisons qu'ils ont contractées, et gâté par une éducation vicieuse ce que mon art leur avait fait produire de bon. Ils ont fait plus de cas des apparences et des chimères que de la vérité, et ils ont fini par paraître ignorants à leurs propres yeux et aux yeux d'autrui. De ce nombre est Aristide, fils de Lysimaque, et beaucoup d'autres. Lorsqu'ils viennent de nouveau pour renouer commerce avec moi, et qu'ils font tout au monde pour l'obtenir, la voix intérieure qui ne m'abandonne jamais me défend de converser avec quelques-uns, et me le permet à l'égard de quelques autres, et ceux-ci profitent comme la première fois. Et pour ceux qui s'attachent à moi, il leur arrive la même chose qu'aux femmes en travail : jour et nuit ils éprouvent des embarras et des douleurs d'enfantement plus vives que celles des femmes. Ce sont ces douleurs que je puis réveiller ou apaiser quand il me plaît, en vertu de mon art. Voilà pour les uns. Quelquefois aussi, Théétète, j'en vois dont l'esprit ne me paraît pas encore fécondé, et connaissant qu'ils n'ont aucun besoin de moi, je m'occupe avec bienveillance à leur procurer un établissement ; et je puis dire, grâce à Dieu, que je conjecture assez heureusement auprès de qui je dois les placer pour leur avantage. J'en ai ainsi donné plusieurs à Prodicus, et à d'autres sages et divins personnages. La raison pour laquelle je me suis étendu sur ce point, mon cher ami, est que je soupçonne, comme tu t'en doutes toi-même, que ton âme souffre les douleurs de l'enfantement. Agis donc avec moi comme avec le fils d'une sage-femme, expert lui-même en ce métier ; efforce-toi de répondre, autant que tu en es capable, à ce que je te propose ; et si, après avoir examiné ta réponse, je pense que c'est une chimère, et non un fruit réel, et qu'en conséquence je te l'arrache et le rejette, ne t'emporte pas contre moi, comme font au sujet de leurs enfants celles qui sont mères pour la première fois. En effet, mon cher, plusieurs se sont déjà tellement courroucés, lorsque je leur enlevais quelque opinion extravagante, qu'ils m'auraient véritablement déchiré. Ils ne peuvent se persuader que je ne fais rien en cela que par bienveillance pour eux ; ne se doutant pas qu'aucune divinité ne veut du mal aux hommes, que je n'agis point ainsi non plus par aucune mauvaise volonté à leur égard ; mais qu'il ne m'est permis en aucune manière ni de transiger avec l'erreur, ni de tenir la vérité cachée.

*Théétète ou De la science*[1]

---

1. Platon, *Œuvres*, tome deuxième, traduit du grec ancien par Victor Cousin, Bossanges Frères Libraires, 1824.

# PARLER AU CŒUR

## Jalāl ad-Dīn Muhammad Rūmī
### (1207-1273)

*Pour le grand poète soufi, il existe deux sortes de transmissions correspondant à deux formes d'intelligence. Le savoir s'adresse à l'une. L'autre nous met en contact avec cette part de nous qui veut s'ouvrir à la lumière, en dépit de nos peurs et de notre tendance à vivre dans notre esprit plus que dans la plénitude de notre être.*

Il y a deux sortes d'intelligence : l'une, acquise – comme l'écolier qui mémorise des faits et des concepts tirés des livres ou des leçons du maître –, rassemble les informations issues des sciences traditionnelles et nouvelles.

Cette intelligence nous élève dans le monde.

Elle nous classe devant ou derrière les autres en fonction de notre capacité à retenir les informations. Cette intelligence nous permet de visiter des champs de connaissances, d'accumuler toujours plus de signes sur nos ardoises.

Mais il existe une autre sorte d'ardoise, déjà complète et inscrite en nous. Une source qui déborde de son bassin. Une fraîcheur au centre de la poitrine. Cette autre intelligence jamais ne croupit ni ne stagne. Fluide, elle ne s'écoule pas de l'extérieur vers l'intérieur par les tuyaux de la connaissance

Cette seconde intelligence est une fontaine qui jaillit de soi, vers l'extérieur.

« Deux sortes d'intelligence[2] »

---

2. Traduction Olivier Colette, *in* Saki Santorelli, *Guéris toi toi-même*, Les Arènes, 2017.

# L'ÉDUCATION POSITIVE À LA RENAISSANCE

## Michel de Montaigne
### (1533-1592)

*La Renaissance marque une période de transition par rapport à l'éducation médiévale, dite scolastique, symbolisée par la Sorbonne. Dans ce texte – qu'il rédige à l'attention de Mme de Foix, sa voisine, qui attend un enfant –, Montaigne pose les jalons d'un enseignement libérateur, ouvert sur le monde, prenant en compte les besoins du corps comme ceux de l'esprit.*

Pour toute cette éducation, je ne veux pas qu'on emprisonne ce garçon. Je ne veux pas qu'on l'abandonne au caractère mélancolique d'un maître d'école insensé. Je ne veux pas gâter son esprit en le maintenant à la torture et au travail, à la manière des autres enfants, quatorze ou quinze heures par jour, comme un portefaix. Je ne trouverais pas bon non plus, dans le cas où, du fait d'un caractère solitaire et mélancolique, on le verrait se donner avec une application trop immodérée à l'étude des livres, qu'on entretînt en lui: cela rend les enfants inaptes à la vie en société et les détourne de meilleure occupation. Combien, de mon temps, ai-je vu d'hommes abêtis par une avidité inconsidérée de science? […] Je ne veux pas non plus que ses nobles dispositions soient gâtées par les manières brutales et grossières des autres. La sagesse française a été anciennement (donnée) en proverbe pour une sagesse qui commençait de bonne heure et n'avait guère de durée. À la vérité, nous voyons encore qu'il n'y a rien d'aussi aussi noble et gracieux que les petits enfants en France ; mais ordinairement ils trompent l'espérance qu'on avait conçue à leur sujet et, quand ils sont des hommes faits, on ne voit en eux aucune supériorité. J'ai entendu soutenir par des gens intelligents que ces collèges où on les envoie, et dont il y a grande quantité, les abrutissent ainsi.

À notre élève, une petite chambre, un jardin, la table et le lit, la solitude, la compagnie, le matin et le soir, toutes les heures seront également favorables, tous les lieux seront salles d'étude, car la philosophie, qui, en tant que formatrice des jugements et des caractères, sera son principal objet d'étude, a ce privilège de s'introduire partout. […]

Ainsi, sans doute, chômera-t-il moins que les autres. Mais de même que les pas que nous faisons en nous promenant dans une galerie, quoiqu'il y en ait trois fois plus, ne nous lassent pas comme ceux que nous mettons à suivre quelque chemin assigné, de même notre leçon se passant comme par hasard, sans obligation de temps ni de lieu, et se mêlant à toutes nos actions, s'écoulera sans se faire sentir. Les jeux eux-mêmes et les exercices constitueront une bonne partie de l'étude : la course, la lutte, la musique, la danse, la chasse, le maniement des chevaux et des armes. Je veux que la bienséance extérieure et l'art de se conduire parmi les gens et aussi l'élégante souplesse de la personne, se façonnent en même temps que l'âme. Ce n'est pas une âme, ce n'est pas un corps que l'on forme : c'est un homme ; il ne faut pas les traiter séparément, et, comme dit Platon, il ne faut pas les éduquer l'un sans l'autre, mais les conduire de manière égale, comme un couple de chevaux attelés à un même timon. [...]

Au demeurant, cette éducation doit être conduite avec une douce sévérité, non comme on le fait. Au lieu de convier les enfants à [l'étude des] lettres, on ne leur présente, à la vérité, qu'horreur et cruauté. Supprimez-moi la contrainte et la violence, il n'y a rien, à mon avis, qui abâtardisse et étourdisse aussi fortement une nature bien née. [...]

[J'ajouterai] entre autres choses, que ce gouvernement de la plupart de nos collèges m'a toujours déplu. On eût peut-être fait une faute moins dommageable en penchant vers l'indulgence. [Le collège] est une vraie geôle pour une jeunesse captive. On la rend déréglée en la punissant de l'être avant qu'elle le soit. [...]

[J]e dirais qu'Il n'y a rien de tel que d'allécher l'appétit et le désir ; autrement on ne fait que des ânes chargés de livres. À coups de fouet, on leur donne leur pochette pleine de science, laquelle, pour bien faire, il ne faut pas seulement loger chez soi ; il faut l'épouser.

*Les Essais*, « Sur l'éducation des enfants »,
livre I, chapitre XXVI[3].

3. Adaptation en français moderne par André Lanly, © Éditions Honoré Champion, 1989.

# QUE TRANSMETTRE
# À NOS FILLES ?

## Molière
### (1622-1673)

*Molière, homme du XVIIᵉ siècle, aborde la question
de l'éducation des femmes, qui ébranle la famille
et la société. La question fait encore débat
trois siècles plus tard…*

ARMANDE

Mon Dieu, que votre esprit est d'un étage bas !
Que vous jouez au monde un petit personnage,
De vous claquemurer aux choses du ménage,
Et de n'entrevoir point de plaisirs plus touchants
Qu'un idole d'époux et des marmots d'enfants !
Laissez aux gens grossiers, aux personnes vulgaires,
Les bas amusements de ces sortes d'affaires.
À de plus hauts objets élevez vos désirs,
Songez à prendre un goût des plus nobles plaisirs,
Et, traitant de mépris les sens et la matière,
À l'esprit, comme nous, donnez-vous tout entière
Vous avez notre mère en exemple à vos yeux,
Que du nom de savante on honore en tous lieux :
Tâchez, ainsi que moi, de vous montrer sa fille :
Aspirez aux clartés qui sont dans la famille,

Et vous rendez sensible aux charmantes douceurs
Que l'amour de l'étude épanche dans les cœurs.
Loin d'être aux lois d'un homme en esclave asservie,
Mariez-vous, ma sœur, à la philosophie,
Qui nous monte au-dessus de tout le genre
humain,
Et donne à la raison l'empire souverain,
Soumettant à ses lois la partie animale,
Dont l'appétit grossier aux bêtes nous ravale.
Ce sont là les beaux feux, les doux attachements
Qui doivent de la vie occuper les moments ;
Et les soins où je vois tant de femmes sensibles
Me paraissent aux yeux des pauvretés horribles.

HENRIETTE
Le ciel, dont nous voyons que l'ordre est
tout-puissant,
Pour différents emplois nous fabrique en naissant ;
Et tout esprit n'est pas composé d'une étoffe
Qui se trouve taillée à faire un philosophe.
Si le vôtre est né propre aux élévations
Où montent des savants les spéculations,
Le mien est fait, ma sœur, pour aller terre à terre
Et dans les petits soins son faible se resserre.
Ne troublons point du ciel les justes règlements ;
Et de nos deux instincts suivons les mouvements.

Habitez, par l'essor d'un grand et beau génie,
Les hautes régions de la philosophie,
Tandis que mon esprit, se tenant ici-bas,
Goûtera de l'hymen les terrestres appas.
Ainsi, dans nos desseins l'une à l'autre contraire,
Nous saurons toutes deux imiter notre mère :
Vous, du côté de l'âme et des nobles désirs ;
Moi, du côté des sens et des grossiers plaisirs ;
Vous, aux productions d'esprit et de lumière ;
Moi, dans celles, ma sœur, qui sont de la matière.

Molière, *Les Femmes savantes* (1672),
acte I, scène 1[4].

---

4. Texte établi par Charles Louandre, Charpentier, 1910.

# LA DISPARITION DU MAÎTRE FAIT PARTIE DE LA TRANSMISSION

## André Gide
### (1869-1951)

*Dans* Les Nourritures terrestres, *le narrateur,*
*disciple de Ménalque, veut transmettre à Nathanaël*
*ses leçons de vie : s'ouvrir au monde, le contempler*
*dans sa plénitude, vivre l'instant présent.*
*Mais surtout, il veut lui signifier que le disciple*
*doit s'émanciper du message du maître*
*pour devenir lui-même.*

Ne te méprends pas, Nathanaël, au titre brutal qu'il m'a plu de donner à ce livre ; j'eusse pu l'appeler *Ménalque*, mais Ménalque n'a jamais, non plus que toi-même, existé. Le seul nom d'homme est le mien propre, dont ce livre eût pu se couvrir ; mais alors comment eussé-je osé le signer ?

Je m'y suis mis sans apprêts, sans pudeur ; et si parfois j'y parle de pays que je n'ai point vus, de parfums que je n'ai point sentis, d'actions que je n'ai point commises – ou de toi, mon Nathanaël, que je n'ai pas encore rencontré –, ce n'est point par hypocrisie, et ces choses ne sont pas plus des mensonges que ce nom, Nathanaël qui me liras, que je te donne, ignorant le tien à venir.

Et quand tu m'auras lu, jette ce livre – et sors. Je voudrais qu'il t'eût donné le désir de sortir – sortir de n'importe où, de ta ville, de ta famille, de ta chambre, de ta pensée. N'emporte pas mon livre avec toi. Si j'étais Ménalque, pour te conduire j'aurais pris ta main droite, mais ta main gauche l'eût ignoré, et cette main serrée, au plus tôt je l'eusse lâchée, dès qu'on eût été loin des villes, et que je t'eusse dit : oublie-moi.

Que mon livre t'enseigne à t'intéresser plus à toi qu'à lui-même – puis à tout le reste plus qu'à toi.

André Gide, *Les Nourritures terrestres*, préambule[5].

5. Éditions Gallimard, 1917. © Éditions Gallimard, 1917.

# L'ÉCOLE, LIEU DE TRANSMISSION

## Albert Camus
## (1913-1960)
## et M. Germain[6]

*Juste après avoir reçu le prix Nobel de littérature
en 1957 Albert Camus, adresse une lettre
à son vieux maître d'école, M. Germain.
Une magnifique lettre de gratitude.*

19 novembre 1957

Cher Monsieur Germain,

J'ai laissé s'éteindre un peu le bruit qui m'a entouré tous ces jours-ci avant de venir vous parler un peu de tout mon cœur. On vient de me faire un bien trop grand honneur, que je n'ai ni recherché ni sollicité. Mais quand j'ai appris la nouvelle, ma première pensée, après ma mère, a été pour vous. Sans vous, sans cette main affectueuse que vous avez tendue au petit enfant pauvre que j'étais, sans votre enseignement, et votre exemple, rien de tout cela ne serait arrivé. Je ne me fais pas un monde de cette sorte d'honneur mais celui-là est du moins

---

6. Correspondance d'Albert Camus avec son premier instituteur.
In *Le Premier Homme*, Folio, 1994. © Éditions Gallimard, 1994. © BNF pour la lettre de Louis Germain.

une occasion pour vous dire ce que vous avez été, et êtes toujours pour moi, et pour vous assurer que vos efforts, votre travail et le cœur généreux que vous y mettiez sont toujours vivants chez un de vos petits écoliers qui, malgré l'âge, n'a pas cessé d'être votre reconnaissant élève.

Je vous embrasse, de toutes mes forces.

Albert Camus

30 avril 1959

Mon cher petit,

[…] Je ne sais t'exprimer la joie que tu m'as faite par ton geste gracieux ni la manière de te remercier. Si c'était possible, je serrerais bien fort le grand garçon que tu es devenu et qui restera toujours pour moi « mon petit Camus ».

[…] Qui est Camus ? J'ai l'impression que ceux qui essayent de percer ta personnalité n'y arrivent pas tout à fait. Tu as toujours montré une pudeur instinctive à déceler ta nature, tes sentiments. Tu y arrives d'autant mieux que tu es simple, direct. Et bon par-dessus le marché ! Ces impressions, tu me les as données en classe. Le pédagogue qui veut faire consciencieusement son métier ne néglige aucune occasion de connaître ses élèves, ses enfants, et il s'en présente sans cesse. Une réponse, un geste, une attitude sont amplement révélateurs. Je crois donc bien connaître le gentil petit bonhomme que tu étais, et l'enfant, bien souvent, contient en germe l'homme qu'il deviendra. Ton plaisir d'être en classe éclatait de toutes parts. Ton visage manifestait l'optimisme. Et à t'étudier, je n'ai jamais soupçonné la vraie situation de ta famille, je n'en ai eu qu'un aperçu au moment où ta maman est venue me voir au sujet de ton inscription sur la liste des candidats aux bourses. D'ailleurs, cela se passait au moment où tu allais me quitter. Mais jusque-là tu me paraissais dans la même situation que tes camarades. Tu avais toujours ce qu'il te fallait. Comme ton frère, tu étais gentiment habillé. Je crois que je ne puis faire un plus bel éloge de ta maman. […]

Louis Germain

# LEÇONS DE SAGESSE DE MÈRE À FILS

## Romain Gary
## (1914-1980)

*Ce magnifique texte nous livre les toutes premières transmissions d'une mère à son enfant. La conscience des préjugés ou de tout ce qui altère notre discernement devient l'occasion d'une joyeuse mythologie enfantine, d'autant plus touchante que le narrateur comprend combien il a été difficile pour sa mère de s'en détacher.*

J'étais un enfant lorsque ma mère pour la première fois m'apprit leur existence ; avant Blanche-Neige, avant le Chat Botté, avant les sept nains et la fée Carabosse, ils vinrent se ranger autour de moi et ne me quittèrent plus jamais ; ma mère me les désignait un à un et murmurait leurs noms, en me serrant contre elle ; je ne comprenais pas encore, mais déjà je pressentais qu'un jour, pour elle, j'allais les défier ; à chaque année qui passait, je distinguais un peu mieux leurs visages ; à chaque coup qu'ils nous portaient, je sentais grandir en moi ma vocation d'insoumis ; aujourd'hui, ayant vécu, au bout de ma course, je les vois encore clairement, dans le crépuscule de Big Sur, et j'entends leurs voix, malgré le grondement de l'Océan ; leurs noms viennent tout seuls à mes lèvres et mes yeux d'homme vieillissant retrouvent pour les affronter le regard de mes 8 ans.

Il y a d'abord Totoche, le dieu de la bêtise, avec son derrière rouge de singe, sa tête d'intellectuel primaire, son amour éperdu des abstractions ; en 1940, il était le chouchou et le doctrinaire des Allemands ; aujourd'hui, il se réfugie de plus en plus dans la science pure, et on peut le voir souvent penché sur l'épaule de nos savants ; à chaque explosion nucléaire, son ombre se dresse un peu plus haut sur la terre ; sa ruse préférée consiste à donner à la bêtise une forme géniale et à recruter parmi nous nos grands hommes pour assurer notre propre destruction.

Il y a Merzavka, le dieu des vérités absolues, une espèce de cosaque debout sur des monceaux de cadavres, la cravache à la main, avec son bonnet de fourrure sur l'œil et son rictus hilare ; celui-là est notre plus vieux seigneur et maître ; il y a si longtemps qu'il préside à notre destin, qu'il est devenu riche et honoré ; chaque fois qu'il tue, torture et opprime au nom des vérités absolues, religieuses, politiques ou morales, la moitié de l'humanité lui lèche les bottes avec attendrissement ; cela l'amuse énormément, car il sait bien que les vérités absolues n'existent pas, qu'elles ne sont qu'un moyen de nous réduire à la servitude et, en ce moment même, dans l'air opalin de Big Sur, par-dessus l'aboiement des phoques, les cris des cormorans, l'écho de son rire triomphant roule vers moi de très loin, et même la voix de mon frère l'Océan ne parvient pas à le dominer.

Il y a aussi Filoche, le dieu de la petitesse, des préjugés, du mépris, de la haine – penché hors de sa loge de concierge, à l'entrée du monde habité, en train de crier « Sale Américain, sale Arabe, sale Juif, sale Russe, sale Chinois, sale Nègre » – c'est un merveilleux organisateur de mouvements de masses, de guerres, de lynchages, de persécutions, habile dialecticien, père de toutes les formations idéologiques, grand inquisiteur et amateur de guerres saintes, malgré son poil galeux, sa tête d'hyène et ses petites pattes tordues, c'est un des dieux les plus puissants et les plus écoutés, que l'on trouve toujours dans tous les camps, un des plus zélés gardiens de notre terre, et qui nous en dispute la possession avec le plus de ruse et le plus d'habileté.

Il y a d'autres dieux, plus mystérieux et plus louches, plus insidieux et masqués, difficiles à identifier ; leurs cohortes sont nombreuses et nombreux leurs complices parmi nous; ma mère les connaissait bien; dans ma chambre d'enfant, elle venait m'en parler souvent, en pressant ma tête contre sa poitrine et en baissant la voix; peu à peu, ces satrapes qui chevauchent le monde devinrent pour moi plus réels et plus visibles que les objets les plus familiers et leurs ombres gigantesques sont demeurées penchées sur moi jusqu'à ce jour; lorsque je lève la tête, je crois apercevoir leurs cuirasses étincelantes et leurs lances semblent se braquer sur moi avec chaque rayon du ciel.

Nous sommes aujourd'hui de vieux ennemis et c'est de ma lutte avec eux que je veux faire ici le récit; ma mère avait été un de leurs jouets favoris; dès mon plus jeune âge, je m'étais promis de la dérober à cette servitude; j'ai grandi dans l'attente du jour où je pourrais tendre enfin ma main vers le voile qui obscurcissait l'univers et découvrir soudain un visage de sagesse et de pitié; j'ai voulu disputer, aux dieux absurdes et ivres de leur puissance, la possession du monde, et rendre la terre à ceux qui l'habitent de leur courage et de leur amour.

Romain Gary, *La Promesse de l'aube*[7].

7. «Première partie», chap. 1, Gallimard, 1960. © Éditions Gallimard, 1960.

# TRANSMETTRE LA MÉMOIRE

## Simone Veil
### (1927-2017)

*Ce texte interpelle les générations futures et lance un appel à la vigilance et à la solidarité pour un monde meilleur. Transmettre la mémoire de l'Histoire, c'est apprendre à se forger un esprit critique et une conscience.*

Les rescapés d'Auschwitz ne sont plus qu'une poignée. Bientôt, notre mémoire ne reposera plus que sur nos familles, sur l'État, mais aussi sur les institutions qui en ont fait leur mission, notamment celles en charge des lieux où vous vous trouvez aujourd'hui. Elle sera aussi la source d'inspiration d'artistes et d'auteurs, comme un objet qui nous échappe pour le meilleur et pour le pire. Notre mémoire, surtout, doit être intégrée et conciliée avec l'enseignement de l'histoire à l'école, faisant des élèves comme des professeurs des relais essentiels de cette nécessaire transmission.

Il vous appartiendra de faire vivre ou non notre souvenir, de rapporter nos paroles, le nom de nos camarades disparus. Notre terrible expérience aussi de la barbarie poussée à son paroxysme, flattant les instincts les plus primaires de l'homme comme les ressorts d'une modernité cruelle.

L'humanité est un vernis fragile, mais ce vernis existe. En parlant de ce monde à part que fut celui des camps et de la tourmente dans laquelle les Juifs furent emportés, nous vous disons cette abomination, mais nous témoignons aussi sur les raisons de ne pas désespérer. D'abord, pour certains d'entre nous, il y eut ceux qui nous aidèrent pendant la guerre, par des gestes parfois simples parfois périlleux, qui contribuèrent à notre survie. Il y eut la camaraderie entre détenus, certes pas systématique, dont les effets furent ô combien salutaires. Et puis, pour cette infime minorité qui regagna la France en 1945, la vie a été la plus forte ; elle a repris avec ses joies et ses douleurs.

Puissent nos rires résonner en vous comme notre peine immense.

Notre héritage est là, entre vos mains, dans votre réflexion et dans votre cœur, dans votre intelligence et votre sensibilité.

Il vous appartient que la vigilance ne soit pas un vain mot, un appel qui résonne dans le vide de consciences endormies. Si la Shoah constitue un phénomène unique dans l'histoire de l'humanité, le poison du racisme, de l'antisémitisme, du rejet de l'autre, de la haine ne sont l'apanage d'aucune époque, d'aucune culture, ni d'aucun peuple. Ils menacent à des degrés divers et sous des formes variées, au quotidien, partout et toujours, dans le siècle passé comme dans celui qui s'ouvre. Ce monde-là est le vôtre. Les cendres d'Auschwitz lui servent de terreau.

Pourtant, votre responsabilité est de ne pas céder aux amalgames, à toutes les confusions. La souffrance est intolérable ; toutes les situations ne se valent pourtant pas. Sachez faire preuve de discernement, alors que le temps nous éloigne toujours plus de ces événements, faisant de la banalisation un mal peut-être plus dangereux encore que la négation. L'enseignement de la Shoah n'est pas non plus un vaccin contre l'antisémitisme, ni les dérives totalitaires, mais il peut aider à forger la conscience de chacun et chacune d'entre vous. Il doit vous faire réfléchir sur ce que furent les mécanismes et les conséquences de cette histoire dramatique. Notre témoignage existe pour vous appeler à incarner et à défendre ces valeurs démocratiques qui puisent leurs racines dans le respect absolu de la dignité humaine, notre legs le plus précieux à vous, jeunesse du XXIᵉ siècle.

Lettre à l'Académie française, 2005

# LA QUÊTE D'UNE VIE OU LA DERNIÈRE LEÇON DE MUSIQUE

## Pascal Quignard
### (Né le 23 avril 1948)

*Dans ce dialogue entre Marin Marais et son maître
Monsieur de Sainte-Colombe, on comprend
que la transmission se fait en dehors des systèmes
et au-delà des mots.*

«Qui est là qui soupire dans le silence de la nuit?

— Un homme qui fuit les palais et qui recherche la musique.»

M. de Sainte-Colombe comprit de qui il s'agissait et il se réjouit. Il se pencha en avant et entrouvrit la porte en la poussant avec son archet. Un peu de lumière passa mais plus faible que celle qui tombait de la lune pleine. Marin Marais se tenait accroupi dans l'ouverture. M. de Sainte-Colombe se pencha en avant et dit à ce visage:

«Que recherchez-vous, monsieur, dans la musique?

— Je cherche les regrets et les pleurs.»

Alors il poussa tout à fait la porte de la cabane, se leva en tremblant. Il salua cérémonieusement M. Marais qui entra. Ils commencèrent par se taire. M. de Sainte-Colombe s'assit sur son tabouret et dit à M. Marais :

« Asseyez-vous ! »

M. Marais, toujours enveloppé de sa peau de mouton, s'assit. Ils restaient les bras ballants dans la gêne.

« Monsieur, puis-je vous demander une dernière leçon ? demanda M. Marais en s'animant tout à coup.

— Monsieur, puis-je tenter une première leçon ? » rétorqua M. de Sainte-Colombe avec une voix sourde.

M. Marais inclina la tête. M. de Sainte-Colombe toussa et dit qu'il désirait parler. Il parlait à la saccade.

« Cela est difficile, monsieur. La musique est simplement là pour parler de ce dont la parole ne peut pas parler. En ce sens elle n'est pas tout à fait humaine. Alors vous avez découvert qu'elle n'est pas pour le roi ?

— J'ai découvert qu'elle était pour Dieu.

— Et vous vous êtes trompé, car Dieu parle.

— Pour l'oreille ?

— Ce dont je ne peux parler n'est pas pour l'oreille, monsieur.

– Pour l'or ?

— Non, l'or n'est rien d'audible.

— La gloire ?

— Non. Ce ne sont que des noms qui se renomment.

— Le silence ?

— Il n'est que le contraire du langage.

— Les musiciens rivaux ?

— Non !

— L'amour ?

— Non.

— Le regret de l'amour ?

— Non.

— L'abandon ?

— Non et non.

— Est-ce pour une gaufrette donnée à l'invisible ?

— Non plus. Qu'est-ce qu'une gaufrette ? Cela se voit. Cela a du goût. Cela se mange. Cela n'est rien.

— Je ne sais plus, monsieur. Je crois qu'il faut laisser un verre aux morts...

— Aussi brûlez-vous.

— Un petit abreuvoir pour ceux que le langage a désertés. Pour l'ombre des enfants. Pour les coups de marteau des cordonniers. Pour les états qui précèdent l'enfance. Quand on était sans souffle. Quand on était sans lumière. »

Sur le visage si vieux et si rigide du musicien, au bout de quelques instants, apparut un sourire. Il prit la main grasse de Marain Marais dans sa main décharnée.

«Monsieur, tout à l'heure vous avez entendu que je soupirais. Je vais mourir sous peu et mon art avec moi. Seules mes poules et mes oies me regretteront. Je vais vous confier un ou deux arias capables de réveiller les morts. Allons!»

*Tous les matins du monde*, chapitre XXVII[8]

8. Éditions Gallimard, coll. «Blanche», 1991. © Éditions Gallimard, 1991.

Frère Guillaume s'occupe d'enfants des rues, de malades, et de prisonniers à Dhaka au Bangladesh.

# CAHIER
# PRATIQUE

« *Quoi que vous fassiez, faites-le avec le désir de servir la vie. Servez les êtres humains avec compassion, et si votre but est de contribuer à leur bien-être et que vous faites cela de plein gré, cela rencontrera alors votre besoin de contribuer, et quand nous donnons de cette manière-là, il devient très difficile et très subtil en fait, de dire qui donne et qui reçoit.* »

**MARSHALL B. ROSENBERG**

# LA TRANSMISSION ET VOUS

Transmettre, souvent, rend heureux. Nous aimons recevoir et nous prenons plaisir à donner. Mais apprécions-nous pleinement ces cadeaux de la transmission ? Le soutien inconditionnel de notre conjoint, le dîner qu'il vient de préparer, la confiance que nous témoigne silencieusement un chef de service bienveillant, l'énergie de vie que nous apportent les enfants, parmi tout ce qui nous nourrit et nous porte sans que nous en soyons toujours conscients. Et qu'en est-il de ce que nous donnons, notre bonne humeur, un sourire, une oreille attentive, un soutien empathique, un conseil ou un coup de main, parce que nous nous sentions bien et que cela s'est produit naturellement, ou que cela fait partie d'un engagement qui nous tient à cœur, des valeurs qui nous habitent ?

De nombreuses études scientifiques valident les bienfaits de la gratitude. Prendre le temps de remarquer en nous-mêmes ou d'exprimer aux autres les sentiments qui ont accompagné ces petites joies simples du quotidien est aussi essentiel pour notre bien-être que de savourer ces moments. Cette prise de conscience promet de nombreux effets positifs sur nos relations avec les autres, car ces échanges bénéfiques, vont tout naturellement s'intensifier et se multiplier. Enfin, plus largement, ressentir ce que nous nous apportons les uns les autres nous rend plus forts et crée un sentiment d'apaisement et d'appartenance à une communauté, à un cycle de vie qui a du sens.

Dans les pages suivantes, nous souhaitons partager trois exercices pour vous aider à mieux prendre conscience, apprécier et partager les bienfaits de la transmission :

- **Un court exercice d'introspection** : notez par écrit les transmissions qui vous ont tissé et ce que vous aimeriez transmettre.
- **La lettre de gratitude** : remerciez une personne qui a joué un rôle important dans votre vie.
- **L'épitaphe** : quelle trace aimeriez-vous laisser de votre passage sur Terre ?

# Petit exercice d'introspection

## 1. Quelles sont les transmissions qui vous ont tissé(e)?

Que vous ont transmis vos parents?
Vos grands parents? Votre cercle familial?

.................................................................

.................................................................

.................................................................

Vos professeurs, vos mentors?

.................................................................

.................................................................

Vos amis, ceux que vous aimez et qui vous ont aimé(e)

.................................................................

.................................................................

Des écrivains, des penseurs, des figures inspirantes

.................................................................

.................................................................

## 2. Qu'aimeriez-vous transmettre?

Aux enfants qui vous entourent

.................................................................

.................................................................

À votre conjoint (si vous êtes en couple)

......................................................................................

......................................................................................

......................................................................................

À vos amis

......................................................................................

......................................................................................

......................................................................................

Aux personnes avec qui vous travaillez

......................................................................................

......................................................................................

À vos voisins

......................................................................................

......................................................................................

À votre communauté

......................................................................................

......................................................................................

Aux personnes que vous côtoyez dans la vie de tous les jours

......................................................................................

......................................................................................

......................................................................................

......................................................................................

......................................................................................

......................................................................................

......................................................................................

## Écrivez une lettre de gratitude

Pensez à une personne qui vous a transmis quelque chose d'important dans votre vie, un(e) ami(e) qui a été là pour vous, un enseignant qui vous a guidé(e), un employeur qui vous a donné votre chance, un collègue avec qui vous avez tant partagé, quelqu'un qui vous a rendu meilleur(e) ou vous a fait grandir… Visualisez cette personne. Prenez le temps de ressentir ce qu'elle vous a apporté d'important à ce moment particulier de votre vie. Vous l'avez peut-être déjà remerciée. Mais cette fois, prenez le temps de ressentir pleinement cette gratitude. Observez les sensations qui se manifestent en vous à l'évocation de ce souvenir, et les mots qui vous viennent à l'esprit.

Rédigez maintenant une lettre dans laquelle vous exprimez votre gratitude à cette personne. Si cette personne est encore de ce monde et que c'est possible, prenez rendez-vous avec elle pour lui lire votre lettre à voix haute. Vous pouvez également la lui envoyer. Si non, lisez-la en étant attentif(ve) à votre ressenti.

Cet exercice peut sembler artificiel, désuet, voire prêter à sourire. Mais il est à la fois simple et très puissant. Lorsqu'on le pratique, on ressent rapidement les bienfaits de la gratitude tant sur nous-mêmes que sur la personne à laquelle on l'exprime.

## Votre lettre de gratitude

....................................................................

....................................................................

....................................................................

....................................................................

....................................................................

....................................................................

....................................................................

....................................................................

....................................................................

....................................................................

....................................................................

....................................................................

....................................................................

....................................................................

....................................................................

....................................................................

....................................................................

....................................................................

....................................................................

....................................................................

Pour vous inspirer, voici un exemple. Il s'agit d'une lettre de gratitude adressée[1] par Ilios à son ami Jean-François.

*Mon cher Jean-François,*

*C'était il y a plus de vingt ans, et pourtant je me vois avec précision assis dans la petite pièce qui te servait de salon, un livre à la main. Un livre que tu m'avais prêté quelques semaines auparavant et sur lequel nous échangions avec passion. Parfois, tu débouchais une bouteille de vin rouge. Aujourd'hui encore, il peut m'arriver d'en boire quelques gorgées, en souvenir de ces moments exceptionnels qui représentent pour moi l'amitié. Après avoir longtemps discuté ensemble, tu me remettais un autre ouvrage sur lequel nous échangerions au prochain rendez-vous.*
*Je me souviens de nos rires, de ta bienveillance enthousiaste à l'évocation de mes rêves. Nos échanges n'étaient pas ceux d'un expert (médecin que tu es) et d'un élève : tu installais un rapport d'égalité dans lequel ma parole avait autant de valeur que la tienne. Je t'en suis profondément*

---

1. Cette lettre a été publiée dans le numéro 6 de *Psychologie positive* en février 2016.

reconnaissant. J'étais encore adolescent, mes parents venaient de mourir coup sur coup, tout était à construire dans ma vie. Cela a été fondateur et inspirant de sentir que tu croyais en moi. Sans fracas, sans grandes déclarations, avec une confiance tranquille et authentique. De ces livres, il m'est aussi resté une passion pour le psychiatre Milton Erikson et l'école de Palo Alto, qui incarnent comme toi une forme d'anticonformisme bienveillant au service du mieux-être. Tu es parti vivre en France et nous nous sommes perdus de vue pendant de nombreuses années. Je n'ai cependant rien oublié. Merci d'avoir été là à un moment-clé de ma vie où j'étais tellement enthousiaste, mais aussi si fragile. Aujourd'hui, au travers de mes conférences et de mes livres, pour lesquels je te dois beaucoup, je suis heureux de pouvoir rendre un peu de ce que j'ai reçu.

Avec toute mon amitié,

Ilios

## Rédigez votre épitaphe

Imaginez la fin de votre vie, dans un futur incertain. Vous n'êtes plus de ce monde. Vous reposez en paix. Visualisez un endroit où vous aimeriez que les gens qui vous ont connu et apprécié puissent se recueillir : une forêt, un cimetière, un lieu de mémoire. Sur la pierre tombale, vous lisez votre prénom, votre nom. Et votre épitaphe. Une phrase qui résume l'essentiel de votre vie, le sens de votre passage sur Terre. Imaginez vos proches, mais aussi votre descendance lointaine, même des visiteurs inconnus venant vous rendre hommage ou méditer à cet endroit. Qu'aimeriez-vous voir inscrit ? À titre personnel, professionnel ou juste comme être humain.

« Qu'on se souvienne de lui comme… un homme ou une femme… qui était… qui a fait… »

« Ici repose XXX, une personne généreuse, qui a consacré sa vie à rendre heureux ses proches et à apaiser les souffrances de tous ceux qui avaient besoin de ses soins. »

Nous vous proposons maintenant de rédiger votre épitaphe, en vous connectant ainsi à la trace que vous aimeriez laisser de votre passage sur Terre, à ce que vous souhaitez transmettre, à

ce qui est essentiel pour vous et qui fait que vous
êtes unique.

## Votre épitaphe

......................................................................
......................................................................
......................................................................
......................................................................
......................................................................
......................................................................
......................................................................
......................................................................
......................................................................
......................................................................
......................................................................
......................................................................
......................................................................
......................................................................
......................................................................
......................................................................
......................................................................
......................................................................
......................................................................
......................................................................

# GUIDE DE LA TRANSMISSION AU QUOTIDIEN

*« C'est tellement facile de donner, je veux dire :*
*de donner comme un arbre donne de l'ombre,*
*de toute sa grandeur ! Mais comme c'est difficile*
*de donner sans humilier, comme un frère*
*qui ne fait que son devoir, qui partage avec*
*ses frères ce qui leur appartient à eux aussi... »*

**DOM HELDER CAMARA**

Nous sommes des êtres de transmission, tous les auteurs en ont parlé au fil de ce livre. Que nous en soyons conscients ou non, que cela fasse partie de notre métier, qu'il s'agisse d'une vocation ou pas, nous transmettons un peu de celui ou celle que nous sommes dans chacune de nos interactions. La lecture de cet ouvrage vous donne peut-être envie d'aller plus loin sur le sujet. Vous trouverez dans les pages suivantes une liste non exhaustive d'initiatives qui placent la transmission au cœur de leur engagement dans les domaines de la naissance, de l'éducation, de l'accès au savoir, de la mémoire, de l'écologie ou de la solidarité. Nous vous souhaitons d'y trouver de quoi nourrir votre soif de transmission.

## 1. Transmettre la vie autrement

*« Si je peux transmettre une certitude à ceux qui vont mener la lutte pour mettre plus d'humanité en tout, c'est : "La vie, c'est apprendre à aimer." »*

**Abbé Pierre**

### Donner naissance

La naissance est un temps de partage, qui nous relie et nous connecte à l'enfant qui arrive, à nos proches, à soi et même à plus grand que soi. L'environnement dans lequel se passe l'accouchement, le degré de médicalisation, ainsi que l'attitude des personnes présentes, jouent un rôle important sur le déroulement de la naissance et le bien-être futur des familles.

**LE COCON**
**www.erasme.ulb.ac.be/fr/services-de-soins/services-medicaux/gynecologie-obstetrique/clinique-d-obstetrique/le-cocon-pour-un**
Hôpital Érasme Route 441, route de Lennik 808
1070 Bruxelles
Le Cocon est ce que l'on appelle un « gîte de naissance », c'est-à-dire une structure intra-hospitalière qui offre un environnement à la fois sécurisé et démédicalisé. Il permet aux futures mamans de vivre leur grossesse autrement et d'accoucher naturellement. Initiative novatrice en Belgique, elle s'appuie sur des expériences positives déjà en cours dans d´autres pays.

**MAISON DE NAISSANCE « COMME À LA MAISON »**
**www.mdncalm.org**
6, rue Lasson Paris 75012
Le Calm est une maison de naissance gérée par des sages-femmes libérales pratiquant l'accompagnement global à la naissance et travaillant en partenariat avec la Maternité des Bluets. C'est un lieu d'accueil, de suivi personnalisé et d'accouchement, pour les femmes enceintes et les familles souhaitant un accompagnement physiologique de la grossesse, de la naissance et des suites de couche.

**ASSOCIATION SUISSE DES MAISONS DE NAISSANCE**
Geburtshaus Terra Alta, Schellenrain 20
6208 Oberkirch
Suisse
**www.geburtshaus.ch/main/accueil.php**

L'association a pour but de soutenir, encourager et réunir les maisons de naissance de Suisse. Elle offre une plate-forme médiatique aux maisons de naissance. Elle collabore étroitement avec la Fédération suisse des sages-femmes.

**NAÎTRE EN CONSCIENCE**
317, avenue Brugmann 1180 Uccle
www.naitreenconscience.be
**NAISSANCE ET PARENTALITÉ EN PLEINE CONSCIENCE**
mbcp-naissance.org
**HAUTE ÉCOLE DE SANTÉ**
47, av. de Champel, 1206 Genève
www.hesge.ch/heds/heds/heds/heds-et-cite/grand-public/preparation-naissance
Ces associations proposent aux futurs parents, seuls ou en couple, des groupes de préparation à la naissance basée sur la pleine conscience. Les participants y apprennent à appréhender la période de la grossesse avec confiance, à se relier à leurs ressources intérieures pour l'accouchement, à mieux communiquer en couple et avec les soignants qui les prendront en charge, à accueillir la vie avec sérénité et à cultiver la bienveillance envers eux-mêmes, leur bébé et leur entourage.

Quel que soit le lieu de naissance que vous choisissez, une sage-femme est toujours présente. Elle assure la surveillance médicale du travail, accompagne la venue au monde de votre enfant et réalise les premiers soins.

**CONSEIL NATIONAL DE L'ORDRE DES SAGES-FEMMES**
www.ordre-sages-femmes.fr
**UNION PROFESSIONNELLE DES SAGES-FEMMES BELGES**
www.sage-femme.be
**FÉDÉRATION SUISSE DES SAGES-FEMMES**
Rosenweg 25 C 3007 Berne
www.hebamme.ch/fr

L'accompagnement à la naissance par une doula est une tradition ancienne qui consiste en ce qu'une femme proche – en complément de la sage-femme – et qui a déjà donné naissance à un enfant, accompagne la future maman dans son accouchement. Ce vieux « métier » a été redécouvert en 1970 aux États-Unis à la suite d'études et d'observations menées dans divers hôpitaux. Les associations de doulas regroupent les initiatives autour de l'accompagnement non médical à la naissance et soutiennent les associations qui œuvrent à l'humanisation de la naissance et au respect du choix des parents pour l'accueil de leur enfant.

**ASSOCIATION DOULAS DE FRANCE**
www.doulas.info
**ASSOCIATION FRANCOPHONE DES DOULAS DE BELGIQUE**
www.doulas.be
**ASSOCIATION DOULA CH**
www.doula.ch

## Pour que la vie continue...

Les progrès de la science permettent de sauver de nombreuses vies grâce à un don de sang, de tissus ou d'organes. Les besoins sont grands et les receveurs potentiels figurent parfois sur de longues listes d'attente. En France, les besoins pour soigner les malades nécessitent 10 000 dons de sang par jour. Aucun traitement ni médicament de synthèse n'est actuellement capable de se substituer au sang humain. Cet acte, volontaire et bénévole, est donc irremplaçable.

En matière de dons d'organes, en France et en Belgique, au nom de la solidarité nationale, c'est le principe du consentement présumé «qui ne dit mot consent» qui a été choisi. La loi indique que nous sommes toutes et tous donneurs d'organes et de tissus, sauf si nous avons exprimé de notre vivant notre refus d'être prélevé. Ce n'est pas le cas en Suisse, d'où l'importance de faire connaître sa volonté. Un donneur peut sauver jusqu'à sept personnes, qui se voient offrir une nouvelle vie.

**ÉTABLISSEMENT FRANÇAIS DU SANG**
www.dondesang.efs.sante.fr/
www.transfusion.be/fr

**TRANSFUSION CRS SUISSE**
www.blutspende.ch/fr

**AGENCE DE LA BIOMÉDECINE**
1, avenue du Stade de France
93212 Saint-Denis La Plaine Cedex
www.dondorganes.fr

**FONDATION NATIONALE SUISSE POUR LE DON ET LA TRANSPLANTATION D'ORGANES**
Effingerstrasse 1
Case postale CH-3011 Berne
**www.swisstransplant.org**

## Après la vie...

**LES PASSEURS DE MÉMOIRE**
Rue Saint-Bruno 18, 7500 Tournai
Belgique
**www.famawiwi.com**
À Tournai, la Fondation Famawiwi fait vivre un lieu funéraire d'un nouveau type dans le bois sauvage qui a envahi les hauteurs des anciens fours à chaux. Depuis 1997, le lieu se peuple de « passe-mémoire », témoins de l'époque et de la vie des membres de la fondation, pour les générations qui nous suivront.

**FONDATION MÉTAMORPHOSE**
33, rue Saint-Roch 1325 Chaumont-Gistoux
**www.metamorphoseproject.wordpress.com**
Actuellement, les restes de notre passage sur terre polluent le sol et ne sont, en aucun cas, harmonieusement réintégrés aux couches fertiles qui le composent, que l'on soit incinéré ou enterré. Bon nombre de nappes phréatiques aux abords des cimetières, sont classées « in-dépolluables » à cause des substances toxiques qui se forment dans les dépouilles en l'absence d'air. La pollution de l'air, de l'eau, et même de la terre par les crématoriums est importante, en plus de la consommation élevée d'énergie.

Une troisième voie, l'humusation, émerge en même temps qu'une vision nouvelle sur la vie et la mort, en accord complet avec les lois de la nature et les traditions : nous « venons » de la Terre et, à la fin de notre existence terrestre, nous y retournerons sous forme d'humus sain et fertile, par un processus contrôlé de transformation des corps par des micro-organismes dans un compost de broyats de bois d'élagage.

**VOYAGER GOLDEN RECORD**
**re-lab.net/welcome/sounds2.html**
Le Voyager Golden Record est un disque placé à bord des deux sondes spatiales *Voyager* lancées en 1977. Il contient des sons et des images sélectionnés pour dresser un portrait de la diversité de la vie et de la culture sur Terre : bruits d'animaux, cris de nourrisson, bruit du vent, du tonnerre, ou d'un marteau-piqueur, le mot « bonjour » dans une multitude de langues, extraits de textes littéraires et de musique classique et moderne... Vous pouvez écouter ces « sons de la Terre » sur le lien Internet ci-dessus.

# 2. Éduquer autrement

*« Dans l'éducation, il faut avancer avec une infinie tendresse pour le petit d'homme qui refait à son échelle et avec notre aide, un petit bout de l'histoire des hommes. »*

**Philippe Meirieu**

## Transformer l'école

### LES LOIS NATURELLES DE L'ENFANT

**www.celinealvarez.org**

Depuis 2014, Céline Alvarez et son équipe travaillent sans relâche à partager les fondamentaux théoriques et les outils sur lesquels l'expérience de Gennevilliers s'est appuyée. Les travaux du Dr Montessori ont été, comme cette dernière le souhaitait en invitant les générations suivantes «à poursuivre leur route», enrichis de données contemporaines. L'expérience présente s'inscrit ainsi dans la lignée d'un héritage pédagogique scientifique.

### LE PRINTEMPS DE L'ÉDUCATION

48 rue d'Alésia 75014 Paris
**www.printemps-education.org**
Le Printemps de l'éducation fédère toutes les initiatives qui travaillent au renouveau éducatif.

### COOL AT SCHOOL

Rue des Mimosas 88, 1030 Bruxelles
**www.coolatschool.be**
L'association Cool@School s'est donné pour mission de développer les compétences émotionnelles,

relationnelles et citoyennes des différents acteurs de l'école qui veulent faire renouer l'éducation avec plus de plaisir, de curiosité, d'empathie et de responsabilité.

### GRAINE D'ÉCOLE

248 route de Pinloup 69440 Chaussan
**www.grainedecole.com**
Graine d'École est une association lyonnaise qui a pour but d'œuvrer au service d'une éducation respectueuse, et, au-delà, d'une société plus humaniste et solidaire. Elle organise des stages, formations et conférences où l'on propose aux adultes (parents et enseignants) d'apprendre à « accompagner l'enfant d'aujourd'hui pour qu'il devienne l'adulte épanoui et responsable de demain ».

### ÉCOLES DU MONDE–ACTEURS EN ÉDUCATION

9, rue de la Vieille-Intendance 34000 Montpellier
**www.ecolespubliques.fr**
L'association EMAE, créée en 2011, a pour vocation de contribuer à une école publique qui s'inscrit dans un véritable projet de société et d'humanité et respecte, développe et valorise les talents et potentiel de chacun. Partant du constat que l'école publique est le seul espace de transmission des savoirs (savoir-faire, savoir-être et valeurs), commun à la grande majorité des enfants, et le principal espace de construction du monde de demain, l'association souhaite mettre en lumière ce qui fonctionne déjà en collectant les « bonnes » pratiques pédagogiques pour un épanouissement individuel (réalisation de soi) et

collectif (bien vivre ensemble) et favoriser le partage de ces pratiques et les coopérations locales et internationales.

**LIEN INTERNATIONAL D'ÉDUCATION NOUVELLE**
**www.lelien2.org**
**GROUPE FRANÇAIS D'ÉDUCATION NOUVELLE**
6, avenue Spinoza 94200 Ivry-sur-Seine
« Préparer, chez l'enfant, non seulement le futur citoyen capable de remplir son devoir envers ses proches et l'humanité dans son ensemble, mais aussi l'être humain conscient de sa dignité d'homme » : tel était le principe de base, en 1921, de la Ligue internationale de l'éducation nouvelle, un mouvement né au carrefour des XIXe et XXe siècles, qui a compté parmi ses membres Montessori, Freinet, Decroly, Wallon ou encore Piaget. L'association, inscrite dans cette filiation, a repris ce projet et met en synergie les groupes d'Éducation nouvelle de France, Suisse, Belgique, Luxembourg, Catalogne, Russie, Togo, Maroc, Bolivie, Val d'Aoste.

**ÉCOLE DU DOMAINE DU POSSIBLE**
Route de la Volpelière 13104 Arles
**www.ecole-domaine-du-possible.fr/lecole**
En 2015, les fondateurs de la maison d'édition Actes Sud ont créé, à Arles, une école proposant une alternative au système éducatif. S'appuyer sur la curiosité et la joie d'apprendre plutôt que sur la contrainte, favoriser la recherche autonome des connaissances et une expérience active des

apprentissages, comprendre le sens de ce que l'on apprend, vivre une relation forte avec la nature environnante, accompagner les enfants en difficulté : tels sont quelques-uns des principes de cette école.

### ÉCOLE DÉMOCRATIQUE LA FERME DES ENFANTS

Hameau des Buis Chaulet Casteljau
07230 Lablachère
**www.la-ferme-des-enfants.com**
Fondée sur une éducation à l'autonomie et à la bienveillance, cette école dans l'écovillage à vocation pédagogique et intergénérationnelle du hameau des Buis, en Ardèche, s'inspire de la pédagogie Montessori.

### ÉCOLE DU COLIBRI AUX AMANINS

Les Amanins 26400 La Roche-sur-Grâne
**www.lesamanins.com**
L'École du Colibri est une école primaire qui accueille chaque année 35 élèves. Convaincue que la coopération s'apprend, l'équipe met en œuvre un projet pédagogique permettant aux enfants d'apprendre à vivre ensemble. Dans un souci de transmission, l'École du Colibri forme chaque année deux jeunes à la pédagogie de la coopération.

### LIVING SCHOOL

6, rue Georges-Auric 75019 Paris
**www.livingschool.fr**
Living School est une école maternelle et élémentaire privée dont la raison d'être est de permettre, par l'éducation et la formation, l'émergence de citoyens

épanouis et responsables, contributeurs d'une réelle évolution de l'humanité. Les trois axes clés de sa pédagogie sont le savoir-être, l'écocitoyenneté et l'aide à la parentalité.

**SCHUMACHER COLLEGE EUROPE**
Old Postern, Dartington Hall
Totnes TQ9 6EA, Royaume-Uni
**www.schumachercollege.org.uk**
**www.schumachercollegeeurope.org**
**www.schumachercollegealumni.org**
Fondé en 1991 par Satish Kumar, le Schumacher College accueille des étudiants du monde entier. La philosophie de cette école si particulière se résume en trois mots « Head, Hands, Heart » (la tête, les mains, le cœur). Le College est comme un foyer, une communauté, très loin d'une institution scolaire classique. On expérimente autant qu'on y apprend. On y fait la cuisine, le ménage, la nourriture est produite au jardin. La cuisine est une salle de classe, le jardin est une salle de classe, toutes les activités ordinaires sont une occasion d'apprendre, une manière de se réaliser. Fin 2016, quatre anciens étudiants ont mis en place un certificat reprenant les différents masters du College afin de les rendre accessibles à ceux qui ne peuvent se déplacer au Royaume-Uni.
Ce certificat de cinq modules combine des temps d'apprentissage en ligne et des week-ends résidentiels pour créer une vraie communauté d'apprentissage.

**GREEN TO SCHOOL**
Sentier du Chet, 2, 1300 Wavre
**greentoschool.be**
Vendre et acheter durable, c'est bien plus qu'un acte commercial : c'est un pacte citoyen entre acheteurs et vendeurs conclu dans la confiance. Consacré aux fournitures scolaires, ce site fait le pari de l'éducation relative à l'environnement dès le plus jeune âge.

## S'ouvrir aux autres en apprenant

### L'UNIVERSITÉ POPULAIRE D'ANDERLECHT
Rue du Chimiste 34-36, 1070 Anderlecht
**www.universitepopulairedanderlecht.be/fr/upa**
L'UPA invite des personnes de tous milieux, origines et âges à la construction d'une société solidaire par l'accès aux savoirs, l'échange de compétences et de connaissances. Son objectif est d'amener le public à s'instruire, réfléchir et apprendre dans un cadre de partage accueillant et dynamique. Chaque âge est un moment idéal pour apprendre et chacun de nous détient, à 8 ou à 99 ans, un savoir, un savoir-faire, un savoir-être et des connaissances à partager. Que ces connaissances soient proposées par des formateurs qualifiés, des enfants, des universitaires ou des personnes riches de leur expérience de vie, elles sont toutes empreintes de cette singularité qui fait avancer la société.

**L'ASSOCIATION DES UNIVERSITÉS POPULAIRES DE FRANCE**
**www.universitepopulaire.eu**

L'association regroupe les Universités populaires, Universités citoyennes, Universités rurales, Universités du temps libre, Universités pour tous, etc., qui œuvrent dans le même objectif d'éducation et de formation au long de la vie, de partage des savoirs, de mutualisation d'expériences. Elle contribue au rayonnement de l'éducation populaire dans un « construire ensemble » avec un esprit d'ouverture, de solidarité et d'entraide. Ce réseau de qualité repose sur la diversité, la rencontre et le partage.

**PARTITURA**
Rue des Neufs-Champs 1, 2854 Bassecourt, Suisse
**www.facebook.com/partituraproject**

Créé à l'initiative de Maria João Pires, Partitura regroupe des artistes s'interrogeant sur leur place et leur responsabilité dans une société où les valeurs humaines sont en crise. Partitura, qui monte notamment des chorales pour enfants moins favorisés, met en place des concerts sous des formes nouvelles, réunissant des musiciens de différentes générations, aussi bien dans des salles traditionnelles que des lieux alternatifs et associe diverses formes d'art (danse, théâtre, cirque, etc.) afin de sensibiliser un nouveau public.

**ORGANISATION MONDIALE DU MOUVEMENT SCOUT**
Rue Henri-Christiné 5 PO Box 91
1211 Geneva 4 Plainpalais
Suisse
**www.scout.org**
Le scoutisme est un mouvement d'auto-éducation
progressive. Selon l'approche éducative du scoutisme,
chaque personne naît avec un potentiel unique qui
peut être développé en proposant un environnement
d'apprentissage qui le stimule et le met au défi
d'apprendre en s'amusant. Le scoutisme est un
mouvement ouvert à tous, volontaire, apolitique et
indépendant. L'Organisation mondiale du mouvement
scout (OMMS) fédère toutes les organisations
nationales de scoutisme. Elle regroupe 40 millions de
scouts à travers 162 pays et territoires dans le monde.
On estime à environ 500 millions le nombre
de personnes qui ont été scoutes.

## Semer la paix, la présence et la bienveillance

**GRAINES D'ÉMERGENCES**
317, avenue Brugmann 1180 Uccle
Belgique
**www.grainesdemergences.be**
Graines d'Émergences est le pôle éducation
d'Émergences. Conscientes que chaque enfant porte
en lui un merveilleux potentiel en devenir, les
instructrices de Graines d'Émergences développent,
notamment dans les écoles, des projets où les graines

de conscience pourront être nourries avec
bienveillance.

**FONDATION SEVE**
**www.fondationseve.org**
SEVE, créée par Frédéric Lenoir et Martine Roussel
Adam, a pour vocation de favoriser le développement
d'aptitudes au savoir-être et au vivre-ensemble.
L'association soutient, fait connaître et accompagne les
projets qui, à travers la réflexion philosophique, la
pratique de l'attention, l'activité ludique ou artistique
œuvrent pour mieux préparer les enfants et les jeunes
à devenir des citoyens confiants, actifs et respectueux
du vivant.

**L'ASSOCIATION POUR LA MÉDITATION**
**DANS L'ENSEIGNEMENT**
**www.meditation-enseignement.com**
Cette association diffuse des programmes de pleine
conscience au sein des établissements scolaires (de la
maternelle à l'enseignement supérieur). À travers son
programme PEACE (présence, écoute, attention et
concentration dans l'enseignement), l'association
propose une approche pour développer l'attention, la
bienveillance, le bien-être, l'apprentissage et la
citoyenneté, dès le plus jeune âge. L'association
organise également des formations accréditées
destinées à tous ceux et celles qui souhaitent devenir
instructeurs en milieu scolaire, ainsi qu'aux
enseignants.

### L'ACADÉMIE POUR L'ENSEIGNEMENT DE LA PLEINE CONSCIENCE

10 Chemin Mal Clabel 31500 Toulouse
**www.elinesnel.com/fr/formation-amt**
Cette institution forme à la « méthode Eline Snel ».
Elle propose des formations aux professionnels qui
travaillent avec des enfants, à travers le monde, et
notamment à Paris, à Arvillard (Savoie) et à Bruxelles.

### L'ASSOCIATION ENFANCE ET ATTENTION

**www.enfance-et-attention.org**
Cette association œuvre pour le développement
de la pleine conscience auprès des enfants
et des adolescents. Vous pourrez y trouver
des renseignements sur les professionnels
qui proposent des interventions dans les classes.

### EDUC'AT

4, rue des Graviers 91210 Draveil
**www.facebook.com/AssoEducAT**
L'association Educ'AT lance un projet dans plusieurs
collèges de l'Eure-et-Loir autour du « savoir-être » et
du « savoir-vivre ensemble ». Des formations et des
actions concrètes sont mises en place pour favoriser
la coopération entre enseignants, élèves et parents,
et enrayer les manifestations de violence que sont le
harcèlement, les moqueries, le rejet...

### SITE EUROPÉEN DE LA COMMUNICATION NON VIOLENTE

**www.nvc-europe.org**
Ce portail regroupe les associations nationales
promouvant la communication non violente (CNV).

# 3. Un nouveau monde en héritage

*« Quelle planète laisserons-nous à nos enfants ? Quels enfants laisserons-nous à la planète ? »*

Pierre Rabhi

## En harmonie avec la nature

### CENTRE AGROÉCOLOGIQUE LES AMANINS

26400 La Roche-sur-Grâne
**www.lesamanins.com**
Les Amanins, créé par Pierre Rabhi et Michel Valentin, est un lieu de production agricole écologique. Il abrite un centre d'accueil et de partage des savoirs écologiques et un lieu d'expérimentation sur l'alimentation, la pédagogie, la construction, la gestion des déchets, le lien et la coopération entre individus.

### FERME DU BEC HELLOUIN

1, sente du Moulin-au-Cat 27800 Le Bec-Hellouin
**www.fermedubec.com**
La Ferme biologique du Bec-Hellouin est un lieu de production, de recherche et de transmission. Plus de 800 variétés de fruits et légumes croissent dans ses jardins, dans un respect absolu de l'environnement, grâce aux concepts de la permaculture. De nombreuses recherches y sont menées pour explorer des pratiques agricoles naturelles et efficaces, qui contribuent à la régénération de la biosphère. L'École de permaculture du Bec-Hellouin propose diverses

formations en permaculture, maraîchage et jardinage, destinées aux professionnels comme aux particuliers.

### LE RÉSEAU COCAGNE

21, rue du Val-de-Grâce 75005 Paris
**www.reseaucocagne.asso.fr**
Cette association regroupe 120 Jardins de Cocagne, des exploitations maraîchères biologiques qui aident à l'insertion économique de personnes en situation de précarité.

### LES FEMMES SEMENCIÈRES

14, rue Duroc 75007 Paris
**www.femmes-semencieres.com**
Le mouvement des Femmes Semencières est une branche de l'association Fotosintesia. Les Femmes Semencières souhaitent favoriser l'émergence d'oasis de biodiversité partout dans le monde en facilitant les transferts de compétences, les rencontres et les échanges de semences et de plantes.

### TERRE DE LIENS

10 rue Archinard 26400 Crest
**www.terredeliens.org**
Depuis 2003, ce réseau associatif participe à la relève agricole et à la transmission intergénérationnelle en aidant de nouveaux paysans à s'installer. Cette fondation reconnue d'utilité publique est une entreprise d'investissement solidaire qui propose de placer son épargne dans un projet à haute valeur sociale et écologique et est habilitée à recevoir des legs et donations de ferme. La fondation achète des terres

qui risquent de perdre leur usage agricole et y garantit des pratiques agricoles respectueuses de l'environnement à très long terme.
L'association sœur belge s'appelle Terre En Vue et fonctionne selon le même principe.
**https://www.terre-en-vue.be**

### INTELLIGENCE VERTE
41200 Millançay
**www.intelligenceverte.org**
Cette association soutient les formations bio qui contribuent au rapprochement des humains et de la nature et sensibilise le monde des affaires à une économie qui préserve la biodiversité.

### LES INCROYABLES COMESTIBLES
**www.lesincroyablescomestibles.fr**
**www.incredibleediblebelgium.wordpress.com**
**www.lesincroyablescomestibles.ch**
Originaire d'Angleterre, ce mouvement citoyen mondial, autonome, totalement apolitique et non marchand est animé par l'idéal de nourrir l'humanité de façon saine pour l'homme et pour la planète. Il reconnecte les gens entre eux et à la terre nourricière. Par des actions simples et accessibles, Les Incroyables Comestibles encourage l'agriculture urbaine participative en invitant les citoyens à planter partout où cela est possible et à mettre les récoltes en partage. Le mouvement Incredible Edible est présent dans 25 pays dans le monde, sur tous les continents.

### GUÉRILLA JARDINIÈRE
**www.guerilla-gardening-france.fr/wordpress**
Ce mouvement de réappropriation des espaces délaissés au profit d'une émergence végétale quelle qu'elle soit veut repenser la ville et les espaces publics.

### PÉPINS PRODUCTION
La Cabane Fleury Square Emmanuel-Fleury
40 rue Le Vau 75020 Paris
**www.pepinsproduction.fr**
Pépins Production accompagne le processus de végétalisation en ville à travers l'installation de pépinières de quartier. Ces pépinières gérées avec les habitants approvisionnent les écoles et les potagers des jardins partagés. Elles ravivent les savoirs des anciens, s'enrichissent des cultures du monde et fertilisent les esprits créatifs.

### MIRAMAP
58, rue Raulin 69007 Lyon
**www.miramap.org**
Miramap rassemble les AMAP (Associations pour le maintien d'une agriculture paysanne), leurs producteurs et leurs consommateurs autour de valeurs communes. C'est un mouvement de la société civile qui œuvre pour un partenariat entre producteurs et consommateurs basé sur la confiance, la transparence et la solidarité financière ; une agriculture paysanne socialement équitable et écologiquement saine ; le développement d'une consommation responsable par une éducation des citoyens à l'alimentation, la santé et l'agriculture.

**GASAP**
85, rue de la Croix-de-Pierre
1060 Saint Gilles
Belgique
**www.gasap.be**
Frères des AMAP françaises, les GASAP (Groupes d'achats solidaires de l'agriculture paysanne) permettent aux citoyens de soutenir l'agriculture paysanne tout en se nourrissant plus sainement.
Le réseau des GASAP a pour objectif de soutenir la création de nouveaux GASAP, de diffuser le modèle et de relier producteurs et consommateurs.

**LET'S DO IT FRANCE**
**www.letsdoitfrance.org**
Les Mains vertes-Let's do it France existe depuis 2008 et fait partie d'un réseau présent dans une centaine de pays. Un rassembleur et catalyseur des bonnes volontés pour mener des actions locales et nationales de sensibilisation et de nettoyage des déchets.
Le **World Clean Up Day** aura lieu dans 120 pays du monde le 15 septembre 2018.

## En transition

**RÉSEAU TRANSITION.BE**
43 Fore Street, Totnes TQ9 5HN
Royaume-Uni
**www.transitionnetwork.org**
Lancé en 2006, la Transition est un mouvement de citoyens qui se réunissent pour rêver un autre monde et le construire. En se rassemblant, les citoyens

échangent des solutions innovantes pour relever les grands défis auxquels ils sont confrontés. Cette approche, partie de la ville anglaise de Totnes, est aujourd'hui développée dans plus de 50 pays.

### LE COLLECTIF POUR UNE TRANSITION CITOYENNE
**www.transitioncitoyenne.org**
**www.fete-des-possibles.org**
**www.transitionfrance.fr**

Ce collectif fédère des organisations et entreprises engagées pour un avenir meilleur. Plutôt que de se résigner face aux crises successives (économiques, écologiques, sociales...), on y porte un regard optimiste sur le monde. Ils organisent chaque année la fête de la transition, rebaptisée cette année «Fête des Possibles», qui se déroulera partout en France et en Belgique à la rencontre de solutions concrètes et locales dans le domaine de l'alimentation, des déchets, de l'argent, de l'énergie, de la culture.

### TERRE EVEILLE
**www.terreveille.be**

L'association Terr'Eveille promeut le «travail qui relie», vision du monde et méthodologie développées par Joanna Macy, par le biais d'ateliers pour toucher, inspirer et apporter des ressources aux personnes qui souhaitent s'investir dans le «changement de cap» vers une société qui soutient la vie.

### INSTITUT DES FUTURS SOUHAITABLES
72, rue Lamarck 75018 Paris
**www.futurs-souhaitables.org**

L'Institut des futurs souhaitables a pour vocation de réhabiliter le temps long dans les décisions présentes et d'inspirer le débat public de futurs souhaitables. À la fois laboratoire, fabrique à idées et atelier, l'If est un Fab Lab intellectuel, un espace partagé et hybride de réflexion, d'expérimentation et de création où chacun peut trouver les outils et ressources nécessaires pour réinventer son champ d'activité.

### ASHOKA

39, rue Ducale 1000 Bruxelles
**www.ashoka.org**
Ashoka construit et anime une communauté d'innovateurs sociaux issus de tous les secteurs, mobilisés pour un monde dans lequel chaque individu et organisation devient acteur de changement et peut jouer un rôle dans la résolution des grands enjeux sociétaux.

### CAP OU PAS CAP ?

**www.capoupascap.info**
**www.facebook.com/pg/comprendreagirparis/ about/?ref=page_internal**
Par des gestes simples du quotidien, nous pouvons construire un monde plus juste et plus solidaire.
À Paris, les habitants sont chaque jour plus nombreux à reprendre en main leur alimentation, leurs modes de transport, leur travail, leur éducation. Cap ou pas cap ? est un catalyseur de changements qui souhaite faire connaître aux habitants de Paris les initiatives citoyennes dans leur quartier et leur donner les

moyens de participer à la construction d'une nouvelle ère : celle de citoyens actifs et solidaires.

**LE KIOSQUE CITOYEN**
www.mairie12.paris.fr/mairie12/jsp/site/Portal.
jsp?document_id=6246&portlet_id=148
Le Kiosque Citoyen est un espace de partage situé à l'angle de la rue de Reuilly et de l'avenue Daumesnil à Paris 12e. Il propose aux passants des activités innovantes dans l'espace public. Le kiosque est avant tout un lieu d'échange où chaque citoyen peut proposer une action locale et participative pour la faire connaître aux habitants et créer du lien social.

## Solidaire

**BOÎTES À LIVRES**
www.boite-a-lire.com
www.vivreici.be/article/detail_carte-interactive-des-
boites-a-livres-en-wallonie-et-a-bruxelles?id=89844
On les appelle « boîtes à livres », « boîtes à lire » ou encore « bookboxes ». Dans ces bibliothèques de rue, chacun peut gratuitement prendre ou déposer des livres, partager ainsi l'accès à la culture.

**LES BIBLIOTHÈQUES DE RUE D'ATD QUART MONDE**
www.atd-quartmonde.org/nos-actions/culture-et-
education/bibliotheque-de-rue
Initiées par le Mouvement ATD Quart Monde en région parisienne en 1968, les bibliothèques de rue combattent l'exclusion en favorisant l'accès à la lecture et la rencontre entre personnes d'origines sociales

différentes. Chaque semaine, des bénévoles se rendent dans un quartier populaire à la rencontre des habitants, invitent les enfants à les rejoindre, tout le monde installe une bâche, des couvertures et l'on place les livres au sol. Le livre redevient objet d'émerveillement, d'ouverture et sert de prétexte à tisser des liens. Les deux règles clés sont que tout enfant est le bienvenu et que l'espace de la couverture et des livres est un espace de paix et de respect.

### LA FABRIQUE NOMADE

157, bd Sérurier 75019 Paris
www.lafabriquenomade.com
La Fabrique Nomade est une association d'innovation sociale animée par le désir de construire une société plus juste et durable. L'équipe œuvre à valoriser les compétences artisanales des migrants par la transmission des savoir-faire et la fabrication de mobiliers et d'objets destinés à la vente.

### SIMPLON

55, rue de Vincennes 93100 Montreuil
**www.simplon.co/refugeeks-fr**
Pour contribuer à l'accueil des personnes réfugiées en France, Simplon et ses partenaires mobilisent leurs communautés afin de favoriser leur inclusion à travers un programme de formation qualifiante (cours de français, formation au développement web et accompagnement vers l'emploi).

### THOT
**www.thot-fle.fr**

Transmettre un horizon à tous, voici la devise de cette école diplômante en français pour réfugiés et demandeurs d'asile qui vise à transmettre par le langage la possibilité pour les individus de s'épanouir en France. L'équipe Thot s'est constituée lors d'actions de soutien aux réfugiés et demandeurs d'asile et propose la seule formation gratuite et qualifiante à destination de ce public hypermotivé.

### WE EXIST
**www.facebook.com/weexistngo**

Cette association a pour but de faciliter l'intégration des demandeurs d'asile et des réfugiés au marché du travail ainsi que de promouvoir leur participation à la vie socio-économique et culturelle. Elle se donne aussi pour mission de sensibiliser les citoyens aux traditions syriennes et de mettre en valeur la culture syrienne et ses connexions historiques avec l'Europe.

### L'ATELIER MARIN
**www.ateliermarin.be**

Outre la transmission de techniques de construction et d'entretien de bateaux, l'association veut développer un esprit de collaboration entre jeunes unis par la passion de la voile. Tous leurs projets ont pour objet de créer une émulation sociale entre jeunes, qu'il s'agisse de projets de construction, de rénovation, de sorties pour des jeunes défavorisés, des stages ou autres camps d'été.

### UN VÉLO POUR DIX ANS
**1velopour10ans.be**
Tout à fait dans la logique de l'économie circulaire, cette initiative vise à encourager les enfants à rouler en vélo à moindre coût et dans une idée de partage et de responsabilisation.

### MOBILE SCHOOL
Rue Brabançonne 3000 Leuven
Belgique
**www.mobileschool.org/fr**
Mobile School est une association belge qui s'occupe d'enfants de la rue dans le monde entier en s'appuyant sur des organisations existantes. L'association met à leur disposition un matériel éducatif adapté à la réalité de la rue, notamment des écoles mobiles. Elle propose également des formations et des stages à des éducateurs de rue locaux.

### QUINOA
26 rue d'Édimbourg 1050 Bruxelles
**www.quinoa.be**
À travers des séjours en immersion proposés en particulier aux jeunes, l'ONG Quinoa vise à accompagner les citoyens vers une meilleure compréhension des enjeux politiques, sociaux, économiques, culturels et environnementaux du monde contemporain et à renforcer leurs capacités à s'engager durablement, individuellement et collectivement dans des alternatives porteuses de changement social.

**BANGALIZEL**

Rue de l'Institut 47, 6810 Izel

c/o Catherine Quirynen

Ce projet est mené depuis 2012 par un couple d'enseignants d'une école secondaire (lycée) en Belgique. De manière joyeuse et participative, un voyage solidaire s'organise tous les deux ans au Bangladesh pour soutenir les projets de Frère Guillaume. Originaire des Pays-Bas, ce frère de la communauté de Taizé vit parmi les plus pauvres à Mymensingh au nord de Dhaka avec quelques autres frères et y développe des projets sociaux (enfants de la rue, détenus...).

**CLOWNS SANS FRONTIÈRES**

70 bis, rue de Romainville 75019 Paris

**www.clowns-sans-frontieres-france.org**

Clowns sans Frontières intervient depuis presque vingt ans auprès de populations victimes de la guerre, de la misère ou de l'exclusion. Elle regroupe des artistes professionnels qui s'engagent bénévolement en proposant des spectacles aux enfants les plus défavorisés de la planète. Sa force est d'aller où personne ne va et d'y créer des moments positifs, des espaces de liberté, de rires, de futurs possibles...

# 4. Puiser la sagesse originelle

**TETRA**
Rue Kelle 48, 1200 Bruxelles
**www.tetra-asbl.be**
Cette association vise à éveiller un cheminement chez
chacun en proposant des outils transdisciplinaires
d'exploration, de discernement et d'action puisés
à la source des sagesses du monde et des lois du
vivant. Son ambition est de favoriser leur intégration
et leur application concrète dans le quotidien dans une
approche qui ne sépare pas écologie, justice sociale
et évolution spirituelle

**GENS DES BOIS**
**www.gens-des-bois.org/fr**
Les peuples racines et les savoirs traditionnels nous
apprennent quelque chose que notre modernité ne
sait pas trouver : comment les humains peuvent vivre
de façon pérenne sur cette terre. Sauver la nature, c'est
sauver chez l'homme moderne sa nature humaine, ou
renaturer ce qui est dénaturé. C'est, dans l'essence, ce
que les gens des bois cherchent à transmettre au
travers d'activités qui ont toutes en commun la vie
dans la nature.

**ÉCOLE DE LA NATURE ET DES SAVOIRS**
Château Saint-Ferreol 26410 Menglon
**www.ecolenaturesavoirs.com**
Structure imaginée et mise en place par Éric Julien, qui
propose de vivre par l'expérience les savoirs issus de la
nature.

**TCHENDUKUA**
11, rue de la Jarry 94300 Vincennes
**www.tchendukua.com**
Créée en 1997 par Éric Julien, l'association Tchendukua réunit celles et ceux qui souhaitent préserver un mode d'existence basé sur le respect de la nature, des autres et la recherche de l'équilibre.

**ASSOCIATION NAVAJO-FRANCE**
**www.navajo-france.com**
L'Association Navajo France s'attache, entre autres, à accompagner les jeunes générations d'agriculteurs dans leur recherche d'autonomie par rapport aux grands groupes de l'agroalimentaire.

**BIOMIMICRY EUROPA**
Comité français de Biomimicry Europa
99, rue des Poissonniers 75018 Paris
**www.biomimicry.eu**
Cette association promeut le biomimétisme en Europe à travers différentes actions. Le biomimétisme, défini par Janine Benyus en 1997, est une démarche d'innovation qui fait appel au transfert et à l'adaptation des principes et stratégies élaborés par les organismes vivants et les écosystèmes, afin de produire des biens et des services de manière durable et de rendre les sociétés humaines compatibles avec la biosphère.

# 5. Faire vivre la mémoire

*« Quand tu ne sais plus où aller, rappelle-toi d'où tu viens. »*
Proverbe du Bénin

## De génération en génération

**ASSOCIATION OUVRIÈRE DES COMPAGNONS DU DEVOIR ET DU TOUR DE FRANCE**
www.compagnons-du-devoir.com
Ce mouvement propose à des jeunes gens, à partir de 15 ans, une formation gratuite à des métiers traditionnels, basée sur l'apprentissage, la vie en communauté et le voyage appelé Tour de France. Les compagnons valorisent certaines valeurs éthiques comme celles du travail bien fait, de la richesse de l'expérience pratique et de la transmission de savoir-faire et de savoir-être.

**COURANTS D'ÂGES**
Boulevard de la Révision 38
1070 Anderlecht, Belgique
www.courantsdages.be
Courants d'Âges promeut une société où chaque âge a une place et un rôle actif et soutient depuis près de vingt ans ceux qui œuvrent à plus de solidarité entre les générations.

**SOLIDÂGES 21**
France Bénévolat – programme Solidâges21
127, rue Falguière 75015 Paris
**www.solidages21.org**
France Bénévolat a créé le programme d'actions
Solidâges21 pour faciliter les relations et réduire le
fossé entre les générations. Solidâges21 propose
notamment un observatoire capitalisant les bonnes
pratiques d'associations qui cultivent le rapprochement
entre générations dans de nombreuses thématiques
dont la transmission de la mémoire et de savoir-faire.

**PLATEFORME INTERGENERATION**
**www.intergeneration.ch/fr**
La Plateforme Intergeneration relie en Suisse des
générations entre elles, donne de la visibilité à des
projets intergénérationnels et met en réseau les
acteurs et les personnes intéressées.

## La mémoire collective

**LES TERRITOIRES DE LA MÉMOIRE**
Boulevard de la Sauvenière, 33-35, 4000 Liège
Belgique
**www.territoires-memoire.be**
L'association Les Territoires de la Mémoire est un
centre d'éducation à la résistance et à la citoyenneté.
L'association encourage le travail de mémoire auprès
des enfants, des jeunes et des adultes et l'implication
de tous dans la construction d'une société
démocratique garante des libertés fondamentales.

**MÉMORIAL DE LA SHOAH**

17, rue Geoffroy-l'Asnier 75004 Paris
**www.memorialdelashoah.org/le-memorial/les-associations-hebergees**
Le Mémorial de la Shoah accueille plusieurs associations reliées par l'objectif commun de transmettre la mémoire de la Shoah : Mémoire juive de Paris, Mémoires du convoi 6, Conseil national pour la mémoire des enfants juifs déportés (Comejd), Les Enfants cachés, Convoi 77.

# ÉMERGENCES

## L'association Émergences

L'association Émergences a pour objectif de contribuer à l'émergence d'un monde plus altruiste, plus solidaire et plus conscient. Depuis 2009, elle organise des conférences – dont les Journées Émergences –, des stages, des cycles de pleine conscience, des retraites. Toutes ces activités sont autant de balises et d'occasions de se (trans)former dans un monde lui-même en pleine mutation. Elles contribuent aussi à financer des projets de solidarité en Belgique et à l'étranger.

## Les Journées Émergences, au cœur de la transmission

Cet événement annuel, organisé à Bruxelles, est né de plusieurs envies : faire dialoguer des sages de notre temps (philosophes, psychologues, scientifiques…) sur des thèmes choisis, partager des réflexions qui nous passionnent avec le plus grand nombre et être acteurs de changement. D'une part, en transmettant des savoirs à un large public : parents, enseignants, praticiens de la relation d'aide, citoyens du monde et, d'autre part, en consacrant tous les bénéfices à des projets d'amélioration des conditions de vie (accès aux soins et à l'éducation) de populations démunies tant en Belgique qu'à l'étranger.

Ces Journées sont rendues possibles grâce à la confiance et l'investissement de nombreuses personnes bénévoles que nous remercions.

## 2009
### La pleine conscience
Avec Pierre Philippot, Thierry Janssen, Matthieu Ricard et Christophe André

## 2010
### La psychologie positive
Avec Christophe André, Isabelle Filliozat, Thomas d'Ansembourg, Jacques Lecomte et Matthieu Ricard

## 2011
### Prendre soin de soi, prendre soin des autres
Avec Tania Singer, Rosette Poletti, Lytta Basset, Frans de Waal, Matthieu Ricard et Christophe André

## 2012
### Se changer, changer le monde
Avec Jon Kabat-Zinn, Matthieu Ricard, Christophe André et Pierre Rabhi

**2013**

**Bonheur et adversité : la joie à l'épreuve de la vie**

Avec Christophe André, Magda Hollander-Lafon, Eve Ricard, Anne-Dauphine Julliand, Patrice Gourrier, Michel Lacroix et Matthieu Ricard.

**2014**

**Qui sommes-nous ? Se découvrir au-delà des masques**

Avec Alexandre Jollien, Maria Joao Pires, Gilles Boeuf, José Le Roy, Christophe André et Matthieu Ricard

**2015**

**Au cœur de la peur**

Avec Tania Singer, Thierry Janssen, Dominique Bertrand, Jean-Paul Delevoye, Fabrice Midal, Christophe André, Laurent Bègue et Matthieu Ricard

**2016**

**La transmission**

Avec Céline Alvarez, Christophe André, Frère Guillaume, Catherine Guéguen, Frédéric Lenoir, Frédéric Lopez et Matthieu Ricard

**2017**

**Cycles, rythmes, passages : explorer les territoires du temps**

Avec Christophe André, Florence Aubenas, Christophe Fauré, Éric Julien, David Lebreton, Marc Lachièze Rey, Jean-Paul Dessy et Matthieu Ricard

# Les projets soutenus par Émergences

L'association Émergences soutient de manière récurrente les projets de cinq associations :

### KARUNA-SHECHEN

www.karuna-shechen.org/fr

Cette association à but non lucratif fondée par Matthieu Ricard en 2000 travaille avec un réseau de partenaires et de bénévoles locaux pour fournir des services éducatifs, des soins de santé et des services sociaux aux populations défavorisées en Inde, au Népal et au Tibet. Ancrée dans l'idéal de la compassion (c'est le sens du mot tibétain *karuna*) en action, fondée sur la conviction selon laquelle l'accès à l'éducation ou aux soins de santé ne devrait être refusé à personne, Karuna-Shechen développe des programmes en réponse aux besoins et aspirations spécifiques des communautés, dans le respect de leurs héritages culturels uniques. L'association accorde une attention particulière à l'éducation et à l'autonomisation des femmes et des jeunes filles. Depuis 2000, Karuna-Shechen a mis en œuvre plus de 110 projets humanitaires en Inde, au Népal et au Tibet. Quinze ans d'expérience qui lui ont permis d'établir un réseau de collaborateurs sérieux recrutés et formés sur place et de bénévoles étrangers qualifiés.

### LE SAMUSOCIAL DE BRUXELLES

www.samusocial.be

Le Samusocial est un dispositif d'urgence sociale qui offre une aide aux personnes sans-abri de Bruxelles.

Outre un hébergement d'urgence, le dispositif comprend des équipes mobiles d'aide qui se portent à la rencontre des personnes qui ne sont plus en situation de demander de l'aide. Le Samusocial est à l'urgence sociale ce qu'est le Samu médical aux urgences médicales pour les blessés physiques. Il s'agit d'abriter et de soulager les personnes sans-abri certes, mais aussi d'aller vers les personnes dans le besoin par l'action d'équipes mobiles d'aide, de soigner par l'action des médecins et infirmiers qui offrent une permanence quotidienne dans leurs centres, de repérer et d'identifier la demande auprès des plus fragiles et de mettre en place un accompagnement psychosocial pour ceux qui le souhaitent en vue de tenter de les orienter vers des solutions adaptées, et si possible durables, de sortie de rue. L'ensemble des services du Samusocial sont totalement gratuits et inconditionnels.

### LES ENFANTS DE LA RUE BRÉSIL
www.users.skynet.be/enfantsruebresil
Présente depuis vingt ans à travers des projets dans le Nordeste brésilien, l'association « Les Enfants de la rue Brésil » a pour ambition de redonner espoir à quelques-uns des enfants et adolescents des favelas de Recife et d'Olinda. Éviter qu'ils ne deviennent des enfants des rues, éviter qu'ils ne fassent la funeste rencontre avec le crack ou qu'ils ne tombent sous les balles des escadrons de la mort et surtout, leur donner la possibilité de réintégrer la société civile en devenant des citoyens militants et critiques pour que le Brésil redevienne ce qu'il n'aurait jamais dû cesser d'être...

une incroyable terre d'espoir pour tous. Ce pari insensé est rendu possible grâce à des partenaires brésiliens de qualité qui viennent en aide à ces enfants en leur permettant de développer une conscience sociale dans le cadre de petites communautés où ils ont la possibilité de retrouver leur dignité et de devenir des citoyens responsables.

### LE FONDS DE DOTATION PIERRE RABHI
**www.fonds-pierre-rabhi.org**
Créé en avril 2013, le Fonds de Dotation Pierre Rabhi a pour objectif de propager les idées développées par Pierre Rabhi, notamment en aidant au développement des pratiques agroécologiques, à la formation aux techniques permettant l'autonomie, la salubrité et la sécurité alimentaires, mais également en soutenant la création des oasis en tous lieux pour faciliter l'émergence de lieux de vie écologiques, pédagogiques, solidaires et intergénérationnels, s'inscrivant ainsi dans une démarche de changement de paradigme global qui replace l'humain et la nature au cœur de nos préoccupations. Divers projets initiés par Pierre Rabhi sont en cours de développement : le réseau des Femmes Semencières, les Agro-Écologistes sans frontières et un centre de formation à l'agroécologie au Maroc.

### L'UNIVERSITÉ POPULAIRE D'ANDERLECHT
Voir page 246

# LES AUTEURS

## CÉLINE ALVAREZ

Indignée par le nombre d'enfants considérés en échec dès l'école primaire, Céline Alvarez décide d'entrer dans la « machine » Éducation nationale pour mener une expérience en maternelle. Elle souhaite montrer que lorsqu'on respecte davantage la manière dont apprend et s'épanouit l'être humain, les enfants recouvrent leurs puissantes capacités d'apprentissage, et ce, même dans les quartiers les plus défavorisés. Les résultats sont spectaculaires. Céline poursuit aujourd'hui son acte « politique » en diffusant les connaissances qui lui ont permis d'aider les enfants. Enseignants et parents s'en emparent : la démarche essaime de manière virale au sein de l'Éducation nationale.

**Petite bibliographie**
• *Les Lois naturelles de l'enfant. La révolution de l'éducation*, Les Arènes, 2016

## CHRISTOPHE ANDRÉ

Toulousain acclimaté à Paris, Christophe André est marié et père de trois filles. Il exerce en tant que médecin psychiatre et psychothérapeute à l'hôpital Sainte-Anne, où il dirige une unité spécialisée dans le traitement des troubles anxieux et phobiques. Il y anime des groupes de méditation de pleine conscience dans le cadre de la prévention des rechutes dépressives. Il enseigne également à l'université Paris-X. Il a écrit de nombreux articles et ouvrages scientifiques, ainsi que des livres à destination du grand public.

**Petite bibliographie**
- *Les États d'âme. Un apprentissage de la sérénité*, Odile Jacob, 2009
- *Imparfaits, libres et heureux. Pratiques de l'estime de soi*, Odile Jacob, 2006
- *Méditer, jour après jour. 25 leçons pour vivre en pleine conscience* (avec un CD MP3), L'Iconoclaste, 2011
- *Se changer, changer le monde*, L'Iconoclaste, 2013
- *Trois Amis en quête de sagesse*, L'Iconoclaste-Allary, 2016

## CATHERINE GUEGUEN

Pédiatre, Catherine Gueguen est également mère et grand-mère. Elle est passionnée depuis toujours par l'éducation et persuadée que celle-ci peut changer profondément les êtres humains. Quand elle a eu connaissance des recherches en neurosciences affectives et sociales confirmant que l'éducation modifie le cerveau des enfants, elle n'a eu de cesse de le faire savoir, notamment à travers deux livres et de nombreuses conférences.

### Petite bibliographie

• *Pour une enfance heureuse. Repenser l'éducation à la lumière des neurosciences affectives*, Robert Laffont, 2014
• *Vivre heureux avec son enfant. Un nouveau regard sur l'éducation au quotidien grâce aux neurosciences affectives*, Robert Laffont, 2015

## ILIOS KOTSOU

Docteur en psychologie, Ilios Kotsou est chercheur au sein de la chaire Mindulness, bien-être au travail et paix économique de Grenoble École de Management. Formé à la mindfulness (MSBR et MBCT), il est membre de Mind and Life Europe et a cofondé l'association Émergences. Passionné par tout ce qui touche à l'humain, il a été actif pendant plus de quinze ans dans le domaine de la gestion des conflits et des émotions tant en Europe qu'en Asie et en Afrique (notamment pour Médecins sans frontières, des athlètes de haut niveau et des médiateurs scolaires). Son dernier livre *Éloge de la lucidité* a remporté le Prix Psychologies-Fnac 2015.

**Petite bibliographie**
• *Petit Cahier d'exercices d'intelligence émotionnelle*, Jouvence, 2011
• *Petit Cahier d'exercices de pleine conscience*, Jouvence, 2012
• *Se changer, changer le monde*, L'Iconoclaste, 2013
*Éloge de la lucidité*, Robert Laffont, 2014

## FRÉDÉRIC LENOIR

Philosophe, sociologue et historien des religions, Frédéric Lenoir est cofondateur de la Fondation SEVE, Savoir être et vivre ensemble, dont la mission principale est de former des animateurs et des formateurs d'ateliers de philosophie et de méditation dans les écoles. Il est, selon le magazine *L'Obs*, l'intellectuel français contemporain le plus lu. Son œuvre comprend des essais, des romans ou des contes, à travers lesquels il transmet un savoir philosophique ou spirituel et des clés de sagesse universelle qui aident à vivre.

### Petite bibliographie

• *Socrate Jésus Bouddha. Trois maîtres de vie*, Fayard, 2009
• *Petit Traité de vie intérieure*, Plon, 2010
• *Du bonheur. Un voyage philosophique*, Fayard, 2013
• *La Puissance de la joie*, Fayard, 2015
• *Philosopher et méditer avec les enfants*, Albin Michel, 2016
• *Lettre ouverte aux animaux (et à ceux qui les aiment)*, Fayard, 2017

## CAROLINE LESIRE

Caroline Lesire est diplômée en sciences politiques et en aide humanitaire internationale. En 2009, elle a cofondé l'association Émergences avec Ilios Kotsou, son compagnon. Après avoir contribué à des projets d'accès aux soins de santé en Afrique pendant plusieurs années, elle coordonne aujourd'hui les activités d'Émergences. Instructrice MBSR, elle s'est également formée auprès de Nancy Bardacke pour animer des cycles spécifiques de préparation à la naissance (MBCP). Elle est maman d'une petite fille qui lui apprend énormément sur la vie.

**Petite bibliographie**

• *Psychologie positive. Le bonheur dans tous ses états*, Jouvence, 2011
• *Se changer, changer le monde*, L'Iconoclaste, 2013

## FRÉDÉRIC LOPEZ

Frédéric Lopez commence son parcours dans les médias en 1991. Après des débuts à Télé Lyon Métropole et trois ans à LCI comme reporter et présentateur, il est recruté par France 2 en 1998. Il y créera «Comme au cinéma», une émission à succès consacrée aux artistes du septième art. Mais ce qui le rend le plus heureux est d'imaginer des émissions originales. Il proposera alors au service public et aux téléspectateurs des concepts comme *Panique dans l'oreillette* ou *La Parenthèse inattendue*, dans lesquels les plus grandes stars du spectacle et du sport raconteront avec générosité leur trajectoire. Dès 2004, avec *Rendez-vous en terre inconnue*, il réalisera son rêve en emmenant des personnalités à la rencontre des peuples autochtones vivant entre deux mondes. Des humains attachés à leur mode de vie traditionnel, mais également tentés par le progrès en matière d'éducation, de santé et de confort. Cette série documentaire deviendra rapidement «Le programme préféré des Français» et propulsera Frédéric Lopez parmi les animateurs les plus aimés du public.

## MATTHIEU RICARD

C'est en 1967 que Matthieu Ricard voyage en Inde pour la première fois et rencontre des êtres inspirants dont Kangyour Rinpoché, son premier maître. Après avoir achevé sa thèse en génétique cellulaire à l'Institut pasteur, sous la direction du Prix Nobel François Jacob, il décide de s'établir dans l'Himalaya. Il étudie le bouddhisme et photographie la vie dans les monastères ainsi que l'art et les paysages du Tibet, du Bhoutan et du Népal. Ordonné moine en 1978, il est, depuis 1989 l'interprète français du dalaï-lama. Il est très impliqué dans les recherches de l'Institut Mind and Life et a fondé l'association humanitaire Karuna-Shechen. Il vit au monastère de Shechen au Népal.

### Petite bibliographie
• *Plaidoyer pour le bonheur*, Nil Éditions, 2003
• *L'Art de la méditation*, Nil Éditions, 2008
• *Le Moine et le Philosophe. Le bouddhisme aujourd'hui*, Nil Éditions, 1997
• *Se changer, changer le monde*, L'Iconoclaste, 2013
• *Trois Amis en quête de sagesse*, L'Iconoclaste-Allary, 2016

# REMERCIEMENTS

Nous tenons à remercier pour leur confiance et leur générosité Christophe André et Matthieu Ricard, amis et fidèles compagnons d'Émergences depuis sa création.

Merci également à Céline Alvarez, Catherine Gueguen, Frédéric Lenoir, Frédéric Lopez pour leur participation aux Journées Émergences 2016 et leur précieuse collaboration à cet ouvrage.

Maria João Pires, Rebecca Shankland, Frère Guillaume et Edel Maex étaient également au programme de cette édition 2016 et nous avons repris dans cet ouvrage, avec leur permission, certains de leurs propos. Laurent Bègue nous a sympathiquement éclairés et suggéré des études scientifiques en lien avec la transmission. Olivier Adam a quant à lui dédié son talent pour immortaliser en images les échanges de cette journée. Qu'ils en soient toutes et tous remerciés.

Catherine Meyer, Gaëlle Fontaine, nos éditrices, et Sophie de Sivry, directrice des Éditions de l'Iconoclaste, ont porté et cru en ce projet dès le début. La transmission n'est pas un vain mot pour elles. Elles l'incarnent, littéralement. Ce livre leur doit beaucoup, et nous aussi.

Nous sommes aussi très reconnaissants envers tous les bénévoles qui contribuent à la réussite des Journées Émergences, et en particulier Nadège Alexandre, Étienne Degrave, Olivier de Lathouwer, Caroline Jacob, Agnès Lesire, Yeshe Leyens et Yvan Tjolle qui ont retranscrit les interventions, sans oublier Erkyna Kotsou et Pascale Lega. Et envers tous les participants sans qui ces Journées n'auraient évidemment pas de sens.

Notre gratitude va enfin à toutes celles et tous ceux qui nous inspirent et enrichissent notre chemin de vie.

# TABLE

TABLE — **285**

L'EXEMPLAIRE QUE VOUS TENEZ ENTRE LES MAINS A ÉTÉ RENDU POSSIBLE
GRACE AU TRAVAIL DE TOUTE UNE ÉQUIPE.

COUVERTURE ET CONCEPTION GRAPHIQUE : Sara Deux
MISE EN PAGES : In Folio
PHOTOGRAVURE : Point 11
COORDINATION ÉDITORIALE : Gaëlle Fontaine
RÉVISION : Jacqueline Ménanteau
FABRICATION : Marie Baird-Smith et Sarah Joulia

COMMERCIAL : Pierre Bottura
PRESSE ET COMMUNICATION : Audrey Siourd
RELATIONS LIBRAIRES : Jean-Baptiste Noailhat

RUE JACOB DIFFUSION : Élise Lacaze (direction), Katia Berry
(Grand Sud-Est), François-Marie Bironneau (Nord et Est),
Charlotte Knibiehly et Charlotte Jeunesse (Paris et région
parisienne), Christelle Guilleminot (Grand Sud-Ouest),
Laure Sagot (Grand Ouest) et Diane Maretheu (coordination),
avec Christine Lagarde (Pro Livre), Béatrice Cousin et
Laurence Demurger (équipe Enseignes), Fabienne Audinet et
Benoît Lemaire (LDS), Bernadette Gildemyn et Richard Van
Overbroeck (Belgique), Nathalie Laroche et Alodie Auderset
(Suisse), Kamel Yahia et Kimly Ear (Grand Export).

DISTRIBUTION : Hachette

DROITS FRANCE ET JURIDIQUE : Geoffroy Fauchier-Magnan
DROITS ÉTRANGERS : Sophie Langlais
ENVOIS AUX JOURNALISTES ET LIBRAIRES : Patrick Darchy
LIBRAIRIE DU 27 RUE JACOB : Laurence Zarra
ANIMATION DU 27 RUE JACOB : Perrine Daubas
COMPTABILITÉ ET DROITS D'AUTEUR : Christelle Lemonnier
avec Camille Breynaert
SERVICES GÉNÉRAUX : Isadora Monteiro Dos Reis

Achevé d'imprimer en France (Calvados) par Corlet imprimeur,
en août 2017.

ISBN : 979-10-95438-46-5
N° d'impression : 192175
Dépôt légal : octobre 2017